高橋宣行
Nobuyuki Takahashi

高橋宣行の発想筋トレ
クリエイティブ・エンジンの鍛え方

日本実業出版社

「**センス**」がない
それはモノゴトを「知らない」から
「**創造性**」がない
それもモノゴトを「知らない」から

●

「知らない」から
微妙な違いがわからない
判断.分別ができない
想像が広がらない
細部にこだわれない

●

それは.完全に
「知ること」と「体験すること」の
トレーニング不足です。

はじめに

「センス」。それはクリエイティブ・エンジン

　私の在籍した広告会社（博報堂）は、まるで発想トレーニングセンターのようでした。毎日が発想センスを磨く筋トレの場と化し、時間をかけ、汗をかき、量を積み重ねていきます。モノゴトへの感度を、つねに磨き続けないといけない環境でした。

　そんな中でも、とくに新人、若手にいたっては、シャワーを浴びるように課題の洗礼を受けます（本文中のPART Ⅲ参照）。強制的に、ムリやり自らの領域を広げていかなければなりません。頭や身体のカタイ、ひ弱な新人は一度谷底へ落とされます。手持ちのものでは、まったく通じないことを思い知らされるのです。手とり足とりはない。そこから、どうはい上がってくるかを待っています。

●

　多少キャリアをつんだ制作者にとっても、止まることなく自分の領域を広げることの連続です。

　私ごとですが、コピーライターとして博報堂に入った時（中途入社）、初めて担当したのが味の素（マヨネーズ新発売のメンバーとして）。重なるようにして富士写真フイルム、シェル石油、花王石鹸（それぞれ当時の社名）、ロッテ、IBM、住友不動産……と、担当するたびに、まるで新しい会社に入っていく新入社員の気分です。合わせると、何十社という多彩なビジネス体験をすることができるのですから。これはとても新鮮な喜びでもありました。

●

　当然、担当する企業・商品に合わせ、情報収集が始まります。例えば、花王の基礎化粧品「ソフィーナ」の新発売時です。開発理念からマーケティング、商品知識、各種データ読み込み、研究所・工場取材、競合各社のマーケティングと商品研究、外資系メーカーの戦略、化粧品の歴史、美容と健康と医療の関連知識、広告の流れ、

イメージ戦略と販売戦略、流通・店頭の実態、最近の市場動向、女性の意識変化、ユーザーの声、女性誌・情報誌の情報、街のファッションと化粧、広告表現などなど、いっきに業界通を目ざしていきます。

　まるで化粧品会社の社員の気分です。振り返ってみると、これが発想のトレーニングだったのです。これらの知識・体験によって少しずつ筋肉質に育っていきます。

●

　こうした情報を手に入れることにより、しだいに全体が見えてきます。ジグソーパズルのピースが埋まるほどに、全体像が浮き出てくるものなのです。そのためにも、担当得意先の業界通になること、時代／社会／生活者を受けとめて考えること。広く、深く自らの領域を広げる必要があります。

　さらに、企業が変わり、業界が変わり、課題が変わり、メディアが変わり、その中で手にする「知識×体験」が幾重にも重なり合っていく…。その経験値が「センス」となり、異質な情報の組み合わせを閃かせ、新しい発想へとつながっていきます。

●

　モノ余りの今、頭ひとつ抜け出す個性化・差別化は、個人の力なくして実現しません。個人の力とはクリエイティブ・エンジン。1人ひとりが独自のセンスを持つことです。こうした個の時代に向けて、博報堂は早くから「粒ぞろいより、粒ちがい」を、人材育成のコンセプトにしてきました。こんなキーワードが立ち上がったのは、30数年以上も前のことでした。

　「粒ぞろい」は、高度成長期の「生産中心社会」にはとても役立ちました。みんなが同じ目標に向かって一所懸命、品質を磨いていく……。しかし、これからは強い個人性を求め、好き嫌いを主張する「生活者中心社会」。その上、企業は100％の健康体にはほど遠く、それぞれ固有の深い悩みを持っています。その個々、特異性のある課題解決のためにも、「粒ちがい」の人々で構成されるべきだ、と考えて

いたからです。

●

　この「粒ちがい」の集団は、自分の責任で仕事を創り出すことを求められています。自由はそのためにあります。なぜなら、博報堂には商品も工場もありません。あるのは情報と知恵と技術（ソフト）だけ。自ら考え、創り出し、商品化（企画化）しないと売りものはないのです。
　当時、私のボスだった社長は、こう煽る。
　「『自分の能力』を金にかえる――これがビジネスだ。そのためにも自分の売りものをつくれ、自分の得意技を持て、自分の色を出せ、そして自分のユニークさをつくる。時間をかけ、汗をかき、磨いて磨いて売りものにしていく。ここで初めて金になる」。
　「人のやらないことをやり、人のとれないくらいのお金をとる。高いと言われても、これならしょうがないと思わせられるか、どうかだ」と。

●

　発想トレーニングは、しだいに難度の高いプログラムへと拍車がかかってきました。今、ビジネス社会では、ソフトとハード、サイエンスとアート、客観的論理と主観的感性など、相反する視点や見識を持つ、魅力的な人が、より自らの存在価値を高めています。
　そして成果を期待できる個人に、名のある人に、顔の見える人に、仕事がやってくるようになりました。誰とやるか、誰にまかせるのがベストか。良質な個人主義へ……個人ブランドがものをいう時代になってきたのです。
　ブランド価値は、本人のセンスと美意識の総体。センスを磨き続けることで、本人のブランド力を高めていけるのです。それには量だ、時間だ、汗だ、と発想センスを磨く――クリエイティブ・エンジンを鍛えるしかないようです。

2016年9月

高橋宣行

高橋宣行の発想筋トレ　目次

はじめに……………………………………………………………………002

PART I
いま、なぜビジネスに「センス」か……011

- ❶ 答えの見えない時代こそ、「センス」だ……………………012
- ❷ ビジネスとは、そこに「違い」をつくること………………016
- ❸ センスとは、「微妙」がキーとなる……………………………018
- ❹ 「知る」から、世の中の「違い」に気づく……………………020
- ❺ 論理だけでは、「明日」は描けない……………………………022
- ❻ 日本人のビジネスセンスが世界へ……………………………024
- ❼ 「センス」は、すべてのクリエイティブ・エンジン…………026

PART II
「センス」は天性のものじゃない……029

- ❶ センス。それは特別の人のものじゃない……………………030
- ❷ センスは自分で育てるしかない………………………………032
- ❸ 「センスの質」は、量で決まる…………………………………034
- ❹ 目のつけどころに、センスの差………………………………036
- ❺ 「知らない」から、想像が働かない……………………………038
- ❻ 五感は、時代をとらえるセンサー……………………………040
- ❼ 観察・洞察…「人間」をはずすな………………………………042
- ❽ センスを磨く、3つの切り口…………………………………044

PART III
発想センスの鍛え方 ……… 049
- ❶ 「センス」も「創造性」も、量だ、時間だ、汗だ ……… 050
- ❷ 「トレーニング・メニュー」のご紹介 ……… 054

Approach1 「強制的な発想」訓練 ……… 057
- A. 私の新人研修「デパート探険」 ……… 058
  - 今より、数段、感動を売る場だった ……… 060
  - 続・銀座通り「発見の旅」へ ……… 062
- B. 「21世紀偶然観光」という強制発見 ……… 064
  - テーマがない。ゴールが見えない。どうする？ ……… 066
  - 「発想塾」という名の3カ月研修 ……… 068
- C. 新人研修に「タウンウォッチング」 ……… 070
  - タウンウォッチングしよう ……… 072
  - 街はアイディアを刺激する場 ……… 074
- D. D出版社研修に「新しい発見の旅」 ……… 076
- E. 脳内破壊の「100本ノック×a」 ……… 078
  - ひとりで悩むことを、憶えろ ……… 080
  - ライバル各社でも、100本の洗礼 ……… 082
- ヒント「量こそ質」❶ 『1日に100人の顔をデッサンしてくるぞ』 ……… 084
- ヒント「量こそ質」❷ 『「くまモン」誕生に、3000のデザイン案』 ……… 085

Approach2 「言葉からの連想」訓練 ……… 087
- A. 制作会社P社の「メディアウォッチング」 ……… 088
  - 「メディアウォッチングA」の開始 ……… 090
  - 続いて「メディアウォッチングB」へ ……… 092
  - 「新しい価値づくり」の一例 ……… 094

- B. 「イメージ想起」訓練 … 096
- C. 課題「言葉からのイメージ発想」 … 098
- D. 「1泊4日のKJ法」特訓 … 100
  - KJ法とは、整理法×発想法 … 102
- E. アイディアを生む準備運動 … 104
- F. 「3回3ラウンド発想法」を訓練に … 106
- G. 「広告から探る人間洞察」 … 108
- ヒント「量こそ質」❸ 『1年に200曲と格闘している』 … 110
- ヒント「量こそ質」❹ 『食材をひたすら、リュックサックにほうり込む感じ』 … 111

Approach3 「イメージからの物語づくり」訓練 … 113

- A. 自分で考える力を育てる「思考の地図」 … 114
  - この人は、どんな人ですか？ … 116
- B. 「頭の中に絵を描く」訓練 … 118
- C. 「コンセプトメイキング」の訓練 … 120
  - 強制的に、探させる、体験させる … 122
- D. 新聞記事3点からの「コンセプトづくり」 … 124
  - 知識×体験×量 … 126
- E. 「情報×情報」の連想トレ … 128
- F. 「創造力&成長」アップに、量の洗礼 … 130
- G. 「発想力鍛錬」ワークショップ … 132
- ヒント「量こそ質」❺ 『「万」を超える数の、トライ&エラーを繰り返す』 … 134
- ヒント「量こそ質」❻ 『4番1000日計画。「松井素振りだ」』 … 135

Approach4 「新しい兆し探し」訓練 … 137

- A. 「コンビニウォッチング」を日課に … 138
- B. 「山手線一周」ウォッチング … 140
  - 人間観察・洞察の広さと深さを … 142

C. 体感「現場での真実探し」	144
D.「発想ひとり旅」研修	146
E.「メディアの合わせ技」で、兆し発見	148
ヒント「量こそ質」❼　『ミリ単位にこだわる。そこに生命線がある』	150
ヒント「量こそ質」❽　『ペアスタイルで、100案のキャッチボール』	151

PART IV
exercise　練習課題 ……………………………… 153

発想レッスン1　練習課題:「新しい兆し発見」	154
組み合わせのヒント	156
発想レッスン2　練習課題:「イメージ想起」	160

おわりに	162
参考文献・参考資料	165

装幀・本文デザイン　松田行正＋梶原恵

PART I

いま、なぜビジネスに「センス」か

❶ 答えの見えない時代こそ、「センス」だ

　混迷社会（カオス）と言われ、ほんとうに「答の見えない時代」になってきました。何より一番やっかいなのは、方向が見えにくい、ということです。人やモノや技術や社会の情報はあふれ、錯綜する。
　❶どこに価値があるのか、❷どこに驚きがあるのか、❸どこに向うのがベストか、❹これから人は何を求めるのか……。といって、今まで同様にデータを分析し、無理やり数値化したり、平均化して、仮説を立て論理を組み立てるのもいまひとつ共感できません。
　合理性は一見リスクは少ないですが、個性化、差別化からは離れていきます。みんなが同じ方向を向いて、同じ土俵で戦っていくことを、そろそろ変えないといけません。ビジネスの究極の目的は「人との違いをつくること」、差異化にあるのですから。

「センス」は、混沌社会の主役になる

　そこで、個人個人が持っている「センス」を磨き直し、この混沌の時代に対応するエンジンにしていただきたいのです。見えなかったものを見せてあげる力……感じて、嗅ぎわけて、予測する感覚である「センス」を磨くのです。確かに、今までの合理性、効率性の中では個人のセンスを出しにくい時代でした。しかし、これからはセンスを出さないと抜け出られない時代になりました。個の直感がモノをいいます。
　掴みどころのない時代だからこそ、感覚的にモノゴトの中心をとらえ、感覚的にモノゴトを創り出す「センス」の大切さを想い出してほしいのです。
　そういえば、もう40数年も前の現場にいたころ……、

「ロジックのエモーショナル化がないぞ」

　とディレクターのN氏から指摘されたことがありました。
　データや調査資料を頼りに組み立てるコンセプトに、「NO!」が入ります。

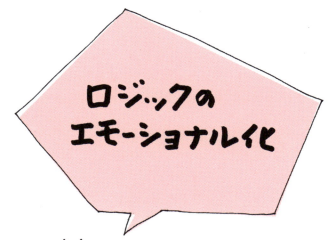

図-1

「人はロジックだけでは動かない。人が動くのはエモーショナルだ。調査はロジックを積み上げる石、そのピラミッドの頂点をどうエモーショナル化するかだ。それが仕事だ」と。

　高橋クン、「正しいけど、面白くない」「間違いじゃないけど、人に響かない」とダメを押されたのです。

　五感や勘やセンスを出すことで、「説得」ではなく「納得」へ。はじめて人と人がわかり合っていくことになるからです。エモーショナル化と言われ、当時、私はどこまで理解したのか……。ただ、人と想い合う、わかり合う姿勢のなさを、突かれたことを憶えています。ようするに、モノとは向きあっても、人との「微妙」を感じ合うセンスがなかったのです。

「センス」──忘れていたけど凄いパワー

　ここにきて、創造性なしに、感覚・感性なしに、競争社会を勝ち抜くことが不可能になってきました。効率、便利、合理性だけで、人との違いを生み出すことはないからです。そのキーとなるのが、「センス」です。

　昔から美的感覚としてアートやファッションに関わることについて、私たちは「センスがいい」「センスが悪い」という言い方をしてきました。

　しかし、あらためて考えてみてください。毎日の生活やビジネスに「センス」の求められないシーンなど、どこにもありません。ビジネスワークは、360度、センスの集合体で動いているようなもの。気づいていないだけです。図2にあるように、すべてセンスが必要です。そして、仕事の質を最大化するのがセンスです。

　では、あらためて「センス」とは？

　聞き慣れ、使い慣れていながらも、センスと言われてみると定義はしにくいものです。次ページ以降、「センスとは何か」について少しずつ解き明かし、その磨き方、トレーニング法へと話を進めていきます。

発想センス。
（感じ、気づき、嗅ぎわけ
予測する感覚）

（何を）情報収集するか
（どこから）探すか
（どう）選択するか
（何を）捨てるか
（何を）組み合わせるか
（どう）言葉化するか
（どう）まとめるか
（どんな）イメージにするか
（どう）全体構成するか

図-2

❷ ビジネスとは、そこに「違い」をつくること

　ピーター・ドラッカー氏の言う究極のマーケティングは、「セールスのないこと」。ようするに、独自の世界（差異化・個性化）をつくることで、一人勝ちを理想としているのでしょう。

　当然、どの企業も意識はそこにあり、独創性を求めているはずです。だから、マーケティングの本質は「違いをつくること」と言われます。

「違い」は、どこから、どうつくるのか？

　2つの前提を考えてみました。

　1つは、ビジネスはすべて特殊解であり、ケースバイケースである。2つめは、ビジネスはすべて人間で成り立っている。

　とすると、考える先にはかならず、好き嫌いをいう相手（人間）がいます。それぞれが力をつけ、とてもわがまま。それに対処するには、人間の感覚が一番自然にわかり合えるはずですし、お互いに持っている感覚「センス」で共感し合うのが理想です。

　客観的データや事例だけによりかかっていると、「いいけど、好きじゃない」「わかるけど、好みじゃない」となります。理屈としてわからせることができても、「好き」にさせる力になりません。

「事実」から「真実」へ

　好き嫌いは極めて個人的ですが、これからの時代、とても大切なモノサシです。今、「どう好きにさせるか」──すべての差別化はここにつながっていくのです。科学的な事実の上に、「私なら、あなたにこうしてあげたい」。人が人の幸せや楽しみを考え、相手への想いを約束するのです。そこでは、人を、生活を、時代を嗅ぎわけ、予測するセンスが、違いをつくる最大の要因となってきます。

　右脳思考だ、デザイン思考だ、創造的思考だ、とよく言われるのも、「真実」を求めて差別化を図ろうと考えているからです。

"予想外の発想で、人を驚かせたい。"

『経営者としての重要な意思決定は80％以上は形式的な論理を超えた「センス」だ』

と、スティーブ・ジョブズ氏

図-3

❸ センスとは、「微妙」がキーとなる

「差のない時代に差をつける……」

そこには、微妙な違いを嗅ぎわけ、次を予測するセンスが求められます。「センス」というのは、とても定義しにくいものですが、まず辞書の解釈を基本に置いてみました（図4）。センス（Sence）が、単なる美的感覚だけを指していないことを確認してください。これをもう少しビジネスの現場に置きかえてお話ししていきます。

モノゴトの「微妙な違いを感じとる感覚」

仕事や暮らし……モノゴトのすべてに関わっているのがセンスです。そこで私は、センスを「微妙な違いを感じとる感覚」と解釈。モノゴトの微妙な違いに気づき、感じ、嗅ぎわけられる感覚の総体と考えます。全体的な流れや微妙な動き、モノゴトの細部にわたる変化を感じとる力……。だから次の予測（発想）に違いが出てくるのです。

「センスがいい、悪い」は、白か黒か、ゼロか100かがわかることではなく、実は「微妙」を認知したり、分別したり、感じとれるかどうかで評価されるものです。それは勘がいいともいわれます。

例えば、「センスが悪い」とは──

❶ モノゴトを理解したり、認知したりする感覚が鈍い
❷ 分別力や、判断力がない
❸ 微妙を感じとる心の動きがない
❹ 感受性が低い　……などなど。

美的感覚だけではありません。あらためて見ると、日常のビジネスでは、すべての行動にセンスが問われているのです。発想や戦略にとどまらず、毎日のルーティンで使う言葉も文書も企画書も、行動も姿勢も自らのファッションも、さらに経営スタイルも企業文化も、すべて「センス」に関わってきます。

「微妙」を嗅ぎわけるセンスこそ、違いをつくる最大の要因なのです。

【Sence】

広辞苑
- 物事の微妙な感じ あるいは意味を悟る働き
- 感覚、勘

新明解国語辞典
- 物事の微妙な感じを知る心の働き
- 普通の人なら当然持っているはずの感覚。常識

新クラウン英和辞典 (n)
- 感覚(器官)、五感
- 感じ、意識(正邪、善悪、美醜などを感じる、判断する)
- 物わかり、判断力、常識

図-4

❹「知る」から、世の中の「違い」に気づく

　「微妙」を嗅ぎわける感度が違えば、当然、感じる深さも広さも違ってきます。つまり、センスを磨き、感度を高めることで読みが深まり、次への予測へと広がっていきます。

「微妙」を感じるには、まず「知ること」

　では、どうすると感度を高められるのか。その「微妙」を感じるとは、モノゴトを知ることでその違いに気づくこと。知らなければ、違いは見えてきません。知っているから反応し、答えられ、想像につなげられます。すべては、「知ること」です。知識と体験を増やすことでセンスはさらに磨かれていきます。難しいロジックなどありません。

　また、センスは、人間の感受性の一部で、誰もが持っているものです。限られた人のものでも、天性のモノでもなく、鍛えれば鍛えるほど研ぎすまされていきます。

　モノゴトの微妙な動きや変化がすべて数値で表されるなら、センスはこれほど求められないでしょう。社会が、企業が、商品が、「人間中心社会」に向うスピードが早まっているだけに、揺れ動く微妙な空気を感じとる能力が必要になっているのです。

問題はセンスの鍛え方です。

　本書の主テーマは、「発想センスを磨くトレーニング法」で、私が現場で体験したり、見聞したり、自ら企画した訓練法を集めました。「知っているから違いが見え、知らないから違いが見えない」。この、ごくごく当り前の原則を、徹底して伝えていこうと試みました。

　知識・体験を増やすことで、センスは磨かれ、さらにレベルの高いところから予測するから、創造性は高まっていきます。センスが高まるほどに全体が見え、全体が見えるから個々の違いも見える。全体が見えにくい時代だからこそ、センスが頼りなのです。

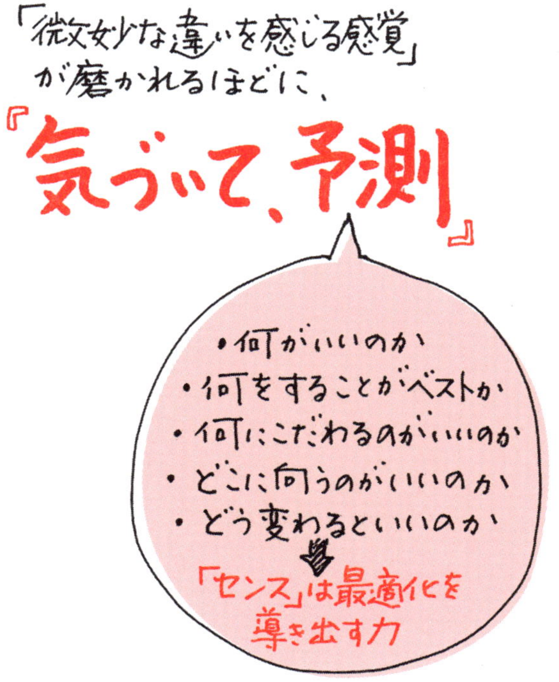

「微妙な違いを感じる感覚」
が磨かれるほどに、

『気づいて、予測』

- 何がいいのか
- 何をすることがベストか
- 何にこだわるのがいいのか
- どこに向うのがいいのか
- どう変わるといいのか

「センス」は最適化を導き出す力

図-5

❺ 論理だけでは、「明日」は描けない

「今を、うまくやるのではなく、先をどうするか」

「今だけ見たってダメだ。昨日、今日、明日とつないで、世の中をどう切りとるか、どう考えるか」。

今、存在しない価値を嗅ぎとるために、全体を読む、先を読むセンスが必要だ……と、よくボスに言われたものです。

全体をパッとすくいとるセンスが欲しい

発想の仕事は、次のような姿勢が求められています。

まず「考える」とは、❶今の悩みを解決することと、❷先につなげる（持続させる）ことが、一体となって仕組まれていること。

そして「表現する」とは、❶想い（約束）を伝えることと、❷イメージ（資産）を残すことが、一体となって計算されていること。

この❶と❷が一体となるアイディアが求められているのです。それにはクリエイティブ・センスが存分に発揮されることが条件。理屈や論理のその先を、どう描くかが問われているからです。

図6にあるように、センスとスキルを並べてみて、あらためてセンスの役割が見えてきました。専門、専門の積み重ねではなく、全体からイメージし、「仮説」につなげるセンスが、どうしても必要なのです。ましてや、混沌とした時代の中で、経営とか、ブランドとか、戦略とかは、「部分、部分」を見ていても決められません。

センスは論理を超える！

知識や体験を増やし、点を面にするほどに、全体が見えてきます。情報・データの先をどう描くか。分析・論理の先にどんなイメージを残すか。便利・効率の先に何を残すか……。

これこそ、クリエイティブ・センスの得意とするところ。見えるから、さらに先の予測ができ、想像力の連鎖反応が起こってきます。ロジックで解決できないことが、センスでは解決できるのです。

センス（シンセシス）
綜合を意味する

戦略の本質はシンセシス、綜合にある。こうするとセンスが身につくという標準的な手法はない。

スキル（アナリシス）
分析する

スキルはアナリシス的発想の産物。分業が進み、担当分野ごと、その業務を遂行するためにスキルだ。プログラムは充実。

楠木建氏「経営センスの論理」より

『これからは、全体をパッとすくいとるセンスが欲しい。』

-6

❻日本人のビジネスセンスが世界へ

　モノゴトの「微妙な違いを感じる力」が、大きな競争力になってきています。早くから日下公人氏（社会学者）は、「今世紀は、日本の世紀。差は最後の１インチ。ディティールの差で日本は勝つ」と言っています。欧米のビジネスと比べて、日本は最後の１インチである「人と接するところ、手渡すところ」に断然、差があると言います。最先端の指先に想いが入り、気くばりのセンスが他を圧倒するからです。

相手を想う日本人のセンスを眠らせないで

　見事な戦略を立てたとしても、ビジネスは最後のディティールにかかっています。商品もサービスもすべて、最後の１インチにかけるセンスの差です。

　宅配便もコンビニもファストフードも、どの国でも機能としては同じでも、最後の手渡すセンスは日本に勝てません。今、微妙な心くばりのセンスが、大きな競争力となっています。

　欧米の合理性、効率性ではなく、日本人の優しさ、想いの熱さ、マナー、人への喜びなど、数値に表れない価値が、成熟時代のビジネスに生きるからです。

　最後に笑うために、効率・合理性のその先にある感性をくすぐる「センス」競争を意識したいものです。

想いやりって、想像力だ

　想いやりとか気くばりは、想像力の問題です。けっして道徳の問題ではない。どこまで相手の立場に立てるか、その想いの深さです。想像力の欠けた人に優しさは表れません。微妙を感じとり、相手の気持ちの中にささり込むセンスは、日本人の誇るべき感性です。

　日本人にとっての「当り前」が、実は外国人にとっては「当り前」ではない。その当り前に世界は驚いているのです。

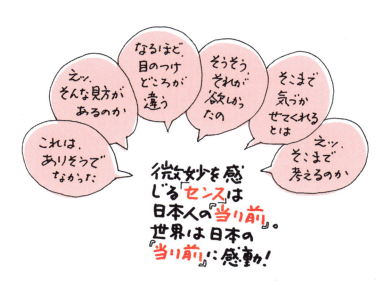

図-7

❼「センス」は、すべてのクリエイティブ・エンジン

「気づき → 想い → 創り → 共感され → イメージを残す」。

あらゆる発想の糸口となるのが、モノゴトの微妙を感じとるセンスです。それは創造思考の「触覚」部分で、すべてここからスタートします。どこからがセンスで、どこからが創造かは線は引きにくいのですが、確実に、最初に動く感性はセンスです。気づき、感じ、微妙な違いがわかるから、世の中の常識もホカとの違いもわかり、新しい創造へとつながります。

「装飾過多」──これはセンスが悪い

人が求めている本質とは違う……と、西友は考え、「無印良品」が誕生しました。「愛は飾らない」のコンセプトのもとに、地味な日用品でありながら最強のブランドに。商品も店舗も色もデザインもコミュニケーションも、センスの塊を価値の集合体にしているのです。そして生活者の声なき声を発見する企業のセンスが、さらなる発想へ、創造へと進化させています。

発想に必要な要素の大半はセンス

創造には、自分の中に、情報や知識の準備が必要で、当然、センスのないところからは何も生まれません。脳に入力された知識・経験が、新しい意味づけをされ、編集され、新しいモノゴトを生み出してくれます。

「センスがいい」とは、クリエイティブを発揮する基礎体力ができている、ということ。日頃からセンスを磨く習慣をつけておけば、かならず創造性が発揮できる……。なぜならモノゴトは、自分自身の知識・体験の範囲でしか考えられないからです。

発想に必要な要素の大半はセンスです。例えば、情報収集ひとつとっても、何を選び、何を捨てるかにもセンスの差が出てきます。創造性を発揮するには、「センスのいい人」に育つしかないのです。

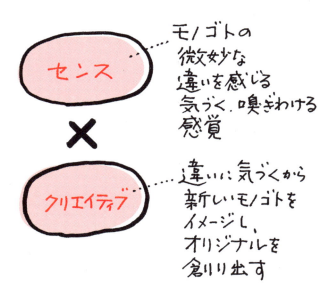

図-8

PART II

「センス」は天性の
ものじゃない

❶ センス。それは特別の人のものじゃない

　若手コピーライターと言われていた頃、「広告は、雑学がすべての発想の種となる。だからもっと自分に投資を!」と、叱咤されました。暗に知識がないぞ、体験が足りないぞ、という意味もあり、身を縮めたものです。

　アイディアは、自分の中からしか生まれません。自分が見たこと、聞いたこと、読んだこと、体験したこと。その中で考えることでしか生まれません。センスも同じ。今まで生きてきた中で得た、知識や体験がベースになって、感受性が磨かれ、センスとなって表れてきます。

人はセンスに富む生き物です

　ファッションやアートだけがセンスを問われているわけではありません。私たちのすべての生き方に、仕事の仕方に、考え方にセンスが問われています。そして、その総体があなたの価値であり、あなたらしさです。あなたには、かならずセンスがあります。

　アートディレクターの水野学氏は、「センスがある人はいるが、センスがない人はいない。ないのは知識です」と。まさに言い得て妙。あえて「ない」としたら、その原因はモノゴトを知らない、経験が乏しい、につきます。これって教わって身につくものではなく、知識と体験を積み重ねることでしか得られません。

センスを磨くから、一流へ

　一流のシェフほど、新しい素材を求めて足繁く現地に通い、また好奇心を持ってジャンルの違う料理店に向かいます。新しい知識と体験から新しい組み合わせが生まれ、独創性ある一皿となることを知っているからです。

　センスがあるから一流になるのではなく、知識と体験に投資するから、センスが磨かれ、一流と評価されると思うのです。

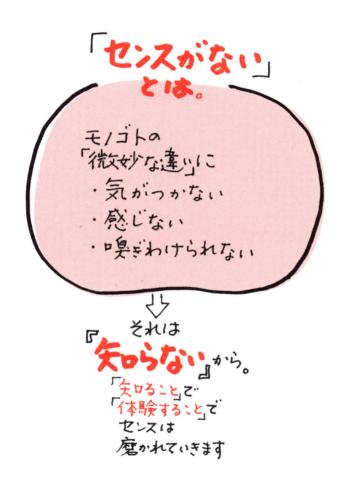

図-9

❷ センスは自分で育てるしかない

　博報堂の人材育成には、教育ではなく「発育」という考え方があります。教育の意味を、教える・育てるのではなく、「考えさせ、自発的な行動を引き出すこと」と考えているからです。

　手とり足とりではなく、環境をつくり、意識や姿勢を手渡し、あとは自分でどう磨き、鍛えていくか……。センスも同じです。センスが身につくようなスタンダードな手法はありません。あくまでも自らの知識と体験の集大成から生まれるのです。

センスとは、どういう能力か

　図10に、いくつかの「センス」の要素を書いてみましたが、教わって身につくものではないことがわかると思います。スキルなら、「○○のスキルを磨く（英語の……、会計の……）」ということで、目的もはっきりしています。また、レベル（何級、○○合格）も、客観的でわかりやすいのです。

　センスは、社内・社外を問わず、誰も教えてくれないし、教える人もいません。しかし、会話の中で、軽い気持ちでしょうが、「センスがないね」「センスに欠けるね」と言われると、かなりのショックです。言葉以上にダメージは大きいのです。まるで人格の一部を否定されたみたいに……。あらためて図を見ると、すべて日常生活の中で求められていることで、それは美しく生きる能力でもあります。

すべての行動に、センスがついてくる

　会話のセンス、言葉のセンス、文書の書き方の、提案書の、説明の、服装の、発想の、すべてが合わさり、あなた自身の価値となっているのです。例えば、言葉の語彙が増えれば、もっと気のきいた受け応えができるでしょうし、文章にも表現力となって表れてきます。けして天性のものでなく、今まで得た知識や体験がベースになる。トレーニング同様に、積み重ねた分だけ「センス」は高まっていくのです。

〔 ビジネスのすべてに「センス」が問われる。〕

- モノゴトの理解力がある
- 分別や判断が適確
- 微妙を感じとる心の働きがある
- 感受性が鋭い
- 観察・洞察が深い
- 変化を感知する
- 直観的に気づく
- 目のつけどころが違う

❸「センスの質」は、量で決まる

　センスを磨く……それは自分の「好き」を磨くことから始めることもあります。まず、コアをつくり、そして領域を広げていく手もあります。しかし、「ビジネスする」という状況下では、「好き」なところからの1点突破というわけにもいきません。求められるセンスは、つねにあなた自身の総合力から発せられる結果を期待されているのですから。つまり、センスを磨くために、全体の感覚の底上げを図る、そんな強い意識を持っていたいものです。

センスは、量と時間で磨かれる

　じゃあ、どこから、どう磨くか。突然、センスが良くなる方法などありません。あえて言えば、ひとつの課題の中で、ひたすら時間と量をかけ深掘りすること。そしてボーダーレスに領域を広げていくこと。その積み重ねでしかありません。

　今、ビジネスで求められる「右脳思考」（クリエイティブも、センスも、デザインも）には、量と時間が絶対条件です。図11にあるように、量が質を決めていきます。とくに発想の触覚部分となるセンスは、知識と体験の集積により、人と違った気づきや嗅ぎわけができるようになります。

努力ができる、という才能を身につける

　「人間、そんなに差があるわけがない。しつこく考えた人間が勝つ」と尻を叩き続けるディレクターがいました。彼との仕事は量との闘いです。若手を育てるために、コピーをひたすら書かせるのです。

　連日のシートノックが終るころには、書いたコピーの厚さが「週刊少年ジャンプ」のようだ、と言われたコピーライターもいました。しかし、結果はウソをつきません。彼の頭の中には、自ら入ったことのない世界がウズ巻いています。その繰り返しで、才能は確実に鍛えられ、結果を出しているのです。

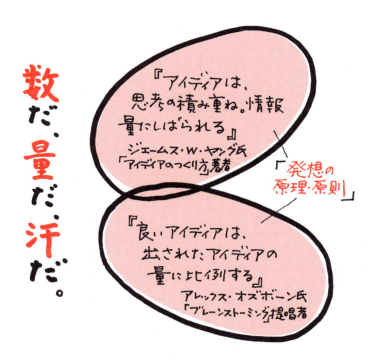

図-11

Part II 「センス」は天性のものじゃない

❹ 目のつけどころに、センスの差

　今、人気のパティシエに、「もっとビジネスを！」という意識が高まれば、当然そこに、センスの競争が入ってきます。例えば、図12のように、人との違いをつくるために、パティシエにとって次々に新しい知識と体験が求められるはずです。

　「今、誰に、何を、どんなカタチで……」と考えると、自分の手持ちの知識だけでは一歩抜け出すことはできません。そのため新たな知識をひたすら身体に入れ、違いを見つけ、新しい発想へ……。この過程をくり返すことでセンスは磨かれていきます。

普通のことから、瞬時に違いに気づく

　同じものを見ても「センスのいい人」には気づきがあります。目のつけどころが違うのです。そして、その目が、発想の大きな切り口となる。知識と体験をたくさん持つということは、いろいろな角度からモノゴトを見て、感じて、考えられるということです。

　そして、客観的に判断できる能力に変わっていきます。自分の主観や、好き嫌いだけの視点ではなく、たくさんのモノサシができているのです。だから、当り前の暮らしの中からでも、視点を変えた新商品化への展開ができます。

　例えば、「清涼飲料」に、メタボが、美容が、高血圧が、環境が、安全がテーマとなり、新しい差別化の商品が生まれてくるように。

自分なりの気づき……それがセンス

　「えっ、そんな見方があったのか」

　と、人々に共感させる視点があって人は行動してくれます。だからセンスのいい人には「わかるわかる」「へえー、そういうこと」「なるほど」という声がついてくるものです。「あの人にとって……」という相手の立場で考える姿勢こそ、自分らしさそのもの。センスはスタイルではなく、ハートでもあるのです。

図-12

Part II 「センス」は天性のものじゃない

❺「知らない」から、想像が働かない

センスがない。
それは単に知らないからで、知識や体験があれば「ない」とは言われません。知識や体験をさらに深めれば深めるほどに、センスの良さが際立ってきます。

とても常識的なことですが、インプットがあってはじめてアウトプットがある。センスもこのインプットの量によって磨かれ、感度の良し悪しに表れてきます。

また、知らないと自分の主観だけになり、人々の感覚とズレが起きてきます。「知ること」で常識的となり、さらに知ることで客観的に判断し、さらに直観的な発想へとつなげられるのです。

発想・創造とは、発見すること

私たちは、よく上司から「発見がないね」と突き返されます。発見がないとは、新しいものの見方がない、当り前すぎる、常識の範囲を超えていない、これじゃライバルが喜ぶだけだ、ということ。もともと創造的作業は、「他にない新しいものを創り出すこと」ですが、世の中にないもので、できあがることはありません。

それは角度を変えたモノの見方であったり、既存のモノの新しい組み合わせから創られたものです。「創る」というより「発見」。これも同じように、知らなければ発見は生まれません。とにかく「知ること」がすべてです。

違いがわかるから、その先の予測へ

いいアイディアには、「こんな見方があったのか」「これは意表をつかれた」と、人々の共感があります。これも人の観察、洞察をより深めているからこそできること。その発想のベースとなるのがセンスです。知識や体験を増やすトレーニングによって領域を広げることで、気づきは多彩になり、その先を描くことにつながります。

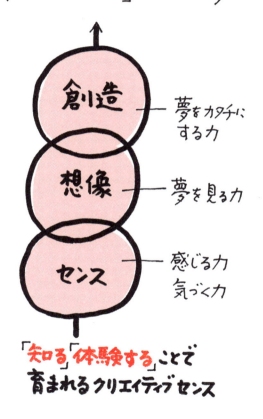

図-13

❻ 五感は、時代をとらえるセンサー

　人間が持っている「センス」という能力。そのポテンシャル（潜在能力）を発揮するために必要なトレーニングがあります。詳しい方法論は、PART Ⅲにまかせますが、その基本を紹介します。

　それは、「知る」×「感じる」こと。とくに現場に身を置いて知る・感じる「生の知識・体験」こそ、時代のセンサーとしてのセンスを育ててくれます。

五感がサビている

　与えられることに慣れた私たちは、「五感」がいつの間にかサビついています。「便利、効率、スピード」を求めていると、五感で考えることを忘れてしまうのです。また、合理的に「損得」で判断していると、人間を思いやる感性が薄れてきます。なぜなら、相手の動きや想いや、微妙な感情に触れずにすんでしまうからです。

　しかし、これからのビジネスではそうはいきません。より強まっていく生活者中心社会では、つねに、❶相手の立場に立つこと、❷相手の先を読むこと、❸相手の楽しみや喜びにつなげること、でしか信頼関係は生まれないからです。

「感じる」トレーニングが不可欠

　私たちが求められているのは、単なる情報ではありません。情報をひとつ生活に落とし込んで知恵にし、共感し合えるものを生み出すことです。そのためにも五感を磨くこと——自分の身体を通すだけに、喜びや、楽しみや、温もりや、怒りや、驚きや、多彩な感覚を手にできます。

　これまで述べてきた「知ること」は、単なるモノ知りになるのではありません。知識を五感で感じることで、発想にリアリティが生まれ、説得力が生まれます。五感から入ってくる人間洞察が、時代をとらえるセンスとなり、センサーとなるのです。

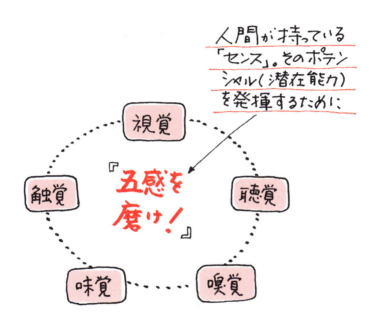

図-14

❼ 観察・洞察…「人間」をはずすな

　ネットによってどんな情報も手に入る時代だからこそ、ネットで手に入らないものの重要性が高まっています。それは人間を観察・洞察し続けることの大切さです。

ビジネスは人間で成り立っている

　商品もサービスも人が使うものですし、かならず喜怒哀楽があります。すべての仕事は人間に突き当るのです。とくにモノ余り社会の中では、どこまで人間を意識できるか、にかかっています。

　それに、大衆という普通の人を相手にするのですから、自分の主観を押しとおすことも、媚びることもダメです。とくに考える仕事は、自分の経験、人格、知識から創り出してくるもの。自分の持っている範囲を超えることはありません。自分の持っているものを、磨いて磨いて、発酵させ、自ら成長してセンスを高めないと、人を巻き込めません。

センスのある人とは、想いの深い人

　ビジネスでは、つねに人への観察・洞察が求められ、その想いの深さが「センス」となって表れます。その人なりの感覚、感性です。

　人への洞察が鋭いから、相手の気持や、相手が何をして欲しいのか、モノゴトの本質が見えてきます。

　この人に「わかってもらうには、どう話すか」「どんな文章にまとめるか」「どう説明することで、わかり合えるか」。話す、書く、考える、まとめる、説得する、売り込む……毎日行うルーティンすべてに微妙な違いを感じて行動してこそ、センスが生きるのです。

　その時、あくまでも「みなさん」ではなく、「あなた」に何をしたいのか。個人の中にある本質の発見が普遍性を持ち、とてつもないパワーとなっていきます。この想いの深さが「センスの良さ」だと思うのです。

[観察]
- 新しい「事実」を探すこと
  モノゴトの状態や変化や人の動きを調べる。見て、感じて、発見する。

> 街に出て何人、何%の人が帽子をかぶっているか

[洞察]
- 新しい「真実」を探ること
  モノゴトの本質を鋭い観察眼で見ぬく。見えなかったものに光を当てる。

> 若者がなぜ帽子をかぶるようになったか、相手の立場で考える

図-15

❽ センスを磨く、3つのヒカリロ

　センスを磨くための「魔法」はありません。教わって身につくものでもありません。ただひたすら、時間をかけ、汗をかき、量を出し続けることです。

　「知ること×体験する」ことでしか、センスという感覚は育ちません。発想の筋トレを続けることです。その結果、あなたらしいモノゴトの見方であり、気づきであり、予測であり、創造につながる感覚が身につきます。

　では、どこから、何のために、どうスタートさせるか。ここに3つのSTEPを掲げました。そして、その方法論として、PART Ⅲに24の実践例をまとめ、ヒントとしていただこうと考えています。

１ まず自分の「好き」を磨く

　「好き」を磨いて、「素敵」と言われ、「素敵」が個性となり、自分の「センス」となる……。まずこれを目ざすのです。自分の得意分野、好きな分野に特化して磨きます。当然、モチベーションも上がるし自信もつきます。ひとつのコアができるのですから。そのためにも、「好き」でモノゴトを語り、人をうなずかせるだけの知識量を身につけ、体験することが必要です。

　そしてさらに、この「好き」を核にして、センスの幅を広げていきます。自分の主観が、客観性をもって受け入れられるレベルまで高めるのです。いつまでも「好き」のレベルに止まってはいられません。ビジネスは、その先のレベルを求めているのです。

２ 自分を壊し、センスの磨き直し

　すぐに、自分の「好き」のレベルでは通用しなくなります。仕事は課題解決であり、すべて創造です。となると、幅広い情報、知識、

「好き」を磨いて
「うまい」と言われ
「うまい」が
「個性」となり
　自分の「センス」となる
「好き」があることは
しめたものです。

体験の有無にかかってきます。そこで「発想筋トレ」という、答えは見えないけれど、発想センスを高めるトレーニングを……自らの意識改革、体質改善のために、ぜひおすすめします。

　発想のトレーニングは、今まで企業も、時間はかかるし、具体的に育っていく段階が見えにくいせいか、なかなか実践しません。個人的にも、汗をかくこと、一所懸命やることが、どこかカッコウ悪いのか、なかなか自ら取り組みません。

　しかし、これからは全体からモノゴトを感じ、嗅ぎわけるセンスの時代です。自らの総合力を底上げし、感覚を鍛える発想筋トレが欠かせません。まずは、自分の仕事（課題）をきっかけにして、専門領域外を徹底して広げていくことです。

　意識してボーダレス。異質な知識を広範囲に集めることで、新しい組み合わせが生まれます。自らを壊し、時間と汗と量でクリエイティブ・センスを磨き直す挑戦を。ヒントは本書のPART Ⅲです。

③「人間中心」の発想センスを磨く

　「センス」は、あなたの生き方、働き方、考え方そのものです。そこに「人間らしさ」「自分らしさ」が表れます。ビジネスでは、より人間への気くばり、心くばりが求められる時代になっています。そこでは、考え、創り、行動する中で、人間を思いやる感覚の差が競争力の違いになっているのです。

　相手の中にどこまで熱い想いを入れられるか。と同時に、自分の夢を加え、参加させていく……。そんなセンスに磨きたいものです。

　例えば、ショッピングセンターを活用し、育児支援のインフラづくりをすすめている「イオングループ」。働く女性の増加による、子育てニーズに応えたい。そんな企業センスが、社会のパートナーとして愛され続ける理由なのでしょう。こうした視点が、発想のすべてに必要になりました。

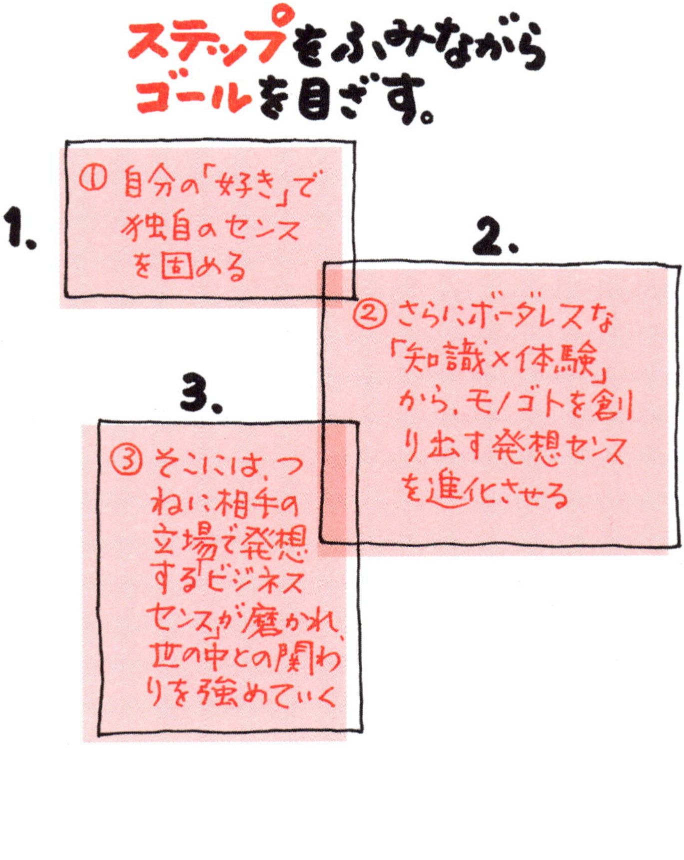

ステップをふみながらゴールを目ざす。

1. ① 自分の「好き」で独自のセンスを固める

2. ② さらにボーダレスな「知識×体験」から、モノゴトを創り出す発想センスを進化させる

3. ③ そこには、つねに相手の立場で発想するビジネスセンスが磨かれ、世の中との関わりを強めていく

図-17

PART
III

発想センスの鍛え方

❶「センス」も「創造性」も、量だ、時間だ、汗だ

　センスは誰もが持っている能力です。そのセンスを磨かないから鈍く、磨くから鋭い、ということです。「センスが悪い」とは、磨くことを怠るから。じゃあ、センスはどう磨くのでしょうか。

センスも創造性も、「知る」量で磨かれる

　センスは日々のトレーニングで手に入れるもので、基本的に発想力を高めるプロセスと同じです。ひたすら「知識と体験」を積み重ね、身体にしみ込ませていく。ここの基礎づくりが一緒なのです。

　単に頭に入れるだけでなく、身体に憶え込ませるから、感覚的にも反応します。何もしなければ眠ったままです。そういう意味でも、センスを鍛えるのは「自分」の努力でしかありません。

　まずは徹底的に「知る」ことが大事です。

　「**知る**」から、モノゴトの違いもわかるし、独自の判断も生まれるし、新しい組み合わせも考えられます。

　「**知る**」から、相手への対応にも、話し方にも、言葉の使い方にも想いが表れてきます。

　「**知る**」から、ファッションにも、暮らし方にも自分らしさが生まれてきます。

　しかも、一緒に「微妙な違いを感じる感覚」が育つから、独自の想像へ、創造へと発展させていけるのです。発想はすべて、この「センス」を磨くことから始まります。

毎日がセンスアップ！

　センスを磨くとは、「知識と体験」すなわち「知ること×感じること」の訓練です。これは、ひたすら時間をかけることでしか、磨かれません。図18の「入・出力」のくり返しです。

　筋力トレーニング（筋トレ）と同じで、なまけると落ちてきます。時代の変化には、つねに動いていないと対応しきれません。そして引き出しを増やし、対応できる力を鍛えておくのです。

脳の「入・出力」を
鍛えましょう。

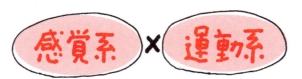

- 感覚系（言葉、情報）の入力を増やし
- 運動系（実践、体験）で出力していく

2つをつなぎ鍛えます

図-18

右脳を目覚めさせよう

　近年、センスとかクリエイティブとか、デザイン（思考）とか、ビジネスに右脳を働かせることが強く求められています。この右脳を目ざめさせ、育んでいくのも、知識と体験です。脳の感覚系（知識）と運動系（体験）をつなぎ、鍛えることを、どこまでダイナミックにやるかにかかっている……ということです。

　センスを磨くトレーニング法として、このPART Ⅲでは24の実践例を紹介します。感覚系（知識）と運動系（体験）をひたすら動かし続ける、発想の訓練法です。

量が、汗が、努力が、素敵な時代

　センスを磨く、創造性を磨くには、最初は泥臭く、汗をかき、ひたすら量をこなすこと。

　今どき一所懸命なんてカッコウ悪く思われがちです。具体的に磨かれたレベルがわからないし、数値化もされないし、評価もされにくい……。しかし、ここを一度通過すると、青空が見えてきます。そして、さらに磨くほどに、連日スカッとした晴天が手に入るのです。

　こうした状況、こうしたクリエイターを永年見てきた私の経験から、参考となるヒントと訓練法をまとめてみました。今のあなたにどのアプローチがいいのかわかりませんが、どれも量との闘いを繰り返します。覚悟のほどを。

　結果、発想センスも含め、確実にあなたのビジネスセンスを高めてくれると信じています。

実践の前に、ちょっと自覚を！

「センスが悪い」とは、「モノゴトを知らない」こと
（美的感覚だけでなく、日常のこんな
行動力にも、センスが表れています）

- ☐ すぐトレンドで判断する
- ☐ 好き嫌いで語る
- ☐ 主観的な意見しか言えない
- ☐ 相手に合わせて考えられない
- ☐ ワンパターンになる
- ☐ 語彙が少ない
- ☐ 美意識に欠ける
- ☐ ていねいに対応できない
- ☐ 気づかない・気づきが遅い
- ☐ 全体からモノが見られない

※ ☑がついても「知る」ことで、変わります。

❷「トレーニング・メニュー」のご紹介

　私は永年、広告、コミュニケーション、ブランディングなどに関わってきましたが、いまだに新しい発想を生み出すのは、量であり、時間との闘いです。自らの狭い領域をムリやりこじ開けることに必死です。

　どこかできっと闘うことをやめるのでしょうが、その時は筋トレと同じように、衰えていくのでしょうね。努力はウソをつきません。

　したがって、発想トレーニングは、考えることが仕事の大半を占めるビジネスパーソンの、基本的な知性・感性の土台づくりに欠かせません。

　ここに「アプローチ1〜4」の中に24例。私の体験したこと、企画したこと、教えていただいたことを含め、効果的な訓練法を紹介します。

　どこに効くのかと言われると、基本的に「発想力を鍛える」こと。そして、発想のための「センスを鍛える」ことです。その訓練は、ひたすら量。量があるから、気づき、考え、つくれるのです。ぜひ、量へ挑戦し、自らの体質化につなげていくことを願っています。

アプローチ1

「強制的な発想」訓練

　強制発想法という創造的訓練があります。いくつかのモノゴトの関連性を無理矢理つける中で、新しい視点が見えてくる……。「強制」がポイントです。人はなかなか自分の枠を破ろうとはしません。つい手持ちのもので考えます。それでは知識や体験、そして言葉も増えません。センスは眠ったままです。

　そこで、ムリやりボーダレスへ。異分野へ。未知へ。

　強制的にブレークさせることで、新しい刺激に出会い、センスが磨かれていきます。

アプローチ2
「言葉からの連想」訓練

　言葉を刺激剤にして、どこまでイメージを広げていけるか。徹底して「言葉」。言葉とは知識であり、意味を持っています。そこに連鎖反応し、イメージを広げる訓練をしていくのです。言葉から新しいモノゴトが始まり、新しいビジネスが生まれてきます。感じて、創造する訓練です。

アプローチ3
「イメージからの物語づくり」訓練

　頭の中に絵が描けるか。物語が書けるか。部分ではなく全体をイメージし、先を予測するセンスが求められています。モノゴトを深く、広く、長く、立体的に感じ、考える体質づくりの訓練です。

アプローチ4
「新しい兆し探し」訓練

　観察・洞察を繰り返し、体験を増やしていく……。自らの身体を通し、ありのままの現実を手にする野外科学そのものです。五感に触れるものすべてが情報となり、現場を漂うことで新しい感覚を磨いていく。それが、発想の糸口を探す「発見の旅」になります。

●

プロからのヒント
量こそ質

　質は量に比例する。この原則をあえて言う必要はないでしょう。各界のプロは、原則ではなく自らの信念として、哲学として量に挑戦しています。もちろん謙虚さゆえでもあります。ここでは訓練というより、「量」を絶対条件として意識づける哲学、生き方を、感じとってください。

Approach 1
「強制的な発想」訓練

🅐 私の新人研修「デパート探険」

> 自覚せよ。ヒトもモノも知らなさすぎる。
> これでは得意先に、失礼だ。

　今から50数年前、私の基礎を叩きこんでくれたM制作部長に出会う。そして上記のようなひと言が発せられ、強制的に送りこまれたのが、百貨店でした。学生時代、コピーライター養成講座に通い、卒業。そして銀座にあった広告会社に入社した数日後の話です。

●

　「コピーは単なる言葉ではない。時代、社会、人間を受けとめないと考えられない。それにはヒトもモノも知らなさすぎる。理屈や技術は後だ」と、研修は「デパート探険」。タウンウォッチングです。

　コピーライター1年生には当然期待できないし、はじめから戦力外。3ヵ月、徹底してヒト、モノ、ミセ、マチの観察と、洞察へと発展させていく研修でした。

高度成長の始まった1960年代

　図20にあるような研修テーマのもとでスタート。それは銀座松屋に、まるで出勤するように毎日出かけ、歩き、見る、聞く、触れる、嗅ぎ回る、気配を感じとるトレーニングでした。とくにM制作部長は、「広告のヒントは人間にある」が口グセで、その実践・体験を求めていたようです。

　朝10時から昼まで、8階に一気に昇って上の階からゆっくり歩き回る。貴金属も陶器もファッションも食品も、まともに手にしたことのないものばかり。そのモノとお客さまと、ミセのドキュメントを記録していきます。

50数年前の「ウォッチング研修」

- タイトル：『銀座松屋・探険』
- テーマ：「ヒト・モノ・ミセの動きを探れ」
- スケジュール：「4月-6月 午前10:00~12:00」
- アウトプット：「3カ月の観察ノート」
  何を見、どう感じ、どう想ったか

図-20

今より、数段、感動を売る場だった

　記録していくうちに、しだいにモノからミセ、そしてヒトへと視野が広がり、人の顔も見えるようになる。豪華に飾られた空間に圧倒されていた雰囲気にもなれてくると、お客さまの話し声も耳に入ってくるようになりました。ミセの季節感も感じ、そこで展開するキャンペーンの良し悪しも感じとれるようになるものです。

　実は、百貨店はモノやサービスを売っているだけでなく、新しい生き方、暮らし方の提案性に満ちあふれていたのです。気づかなかったことに気づき、見えなかったものが見えてくる……。「観察ノート」はしだいに白地が減り、目いっぱいの感動の記録になってきます。

広告人にとって貴重な複合型体験

　広告の制作者にとっては、どんな業種の、どんな商品・サービスの担当になるかわかりません。老若男女、誰に向ってコミュニケーションするかもわかりません。片寄った新人にとって、相手の立場でモノと接する、観察する姿勢も欠かせません。モノのその先には、使う人の喜怒哀楽があり、すべて人に関わる……。だから歩いてこい、ぶつかってこい、感じてこい、と私を押し出したのでしょう。

　❶いいものを見る・本物を見る、❷人の生き方・暮らし方を感じる。この２つのテーマに、これはマーケティング実践の場（図21）だ、と感じ始めた頃、３カ月の研修は終りに近づきました。

　現在、私が持っている「好奇心」は、まぎれもなくこの時身につけた財産、と感謝しています。足で学ぶ……真実の発見だから、そこには人を信頼させる力があります。

　そういえば学生時代、養成講座で「コピーは足で書け」と言われたことを、あらためて実感したのです。

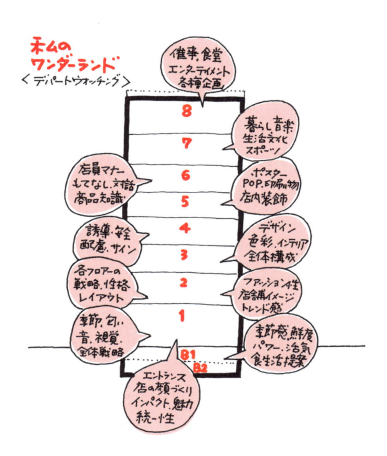

図-21

続・銀座通り「発見の旅」へ

　銀座松屋の探検が終ると、M制作部長からもう1つ追加のテーマが出されました。

　「銀座・小さな発見の旅」で、銀座1丁目から銀座8丁目まで、2往復のウォッチングです。デパートと違った客層も含め、ヒト・モノ・ミセ・マチを好奇心丸出しで歩き回ってこい、と言うのです。

　まだ、原稿用紙にコピーは1行も書いていません。また、大学ノートに観察記録です。あくまでも足で知って、足で考えて、足で書け、と言うのでしょう。私がいまだに「現場主義」というモノサシを振り回すのも、この時の体験のおかげです。

銀座は足で知る、足で考える

　銀座は清潔で安全な場所ですから、図22のように2往復を快適に歩けます。テーマを持って歩く時と、何が感じるのかと感情をフラットにする時がありました。

　「今日は靴だ」と朝決めたら、徹底して足元を見続けます。そして持ち物へ、ファッションへ、髪型へ、化粧へと、下から上に広げていきます。時にはミセのショーウィンドウに引っかかる。ミキモトだ、和光だ、資生堂だと、ディスプレイの制作者まで気になり出す。その人となりも、持っている世界も知りたくなる。発見の旅は、どこに迷い込むかわかりませんが、横道にそれることも魅力です。

くり返すから、周辺が見えてくる

　現場に出て、突然、新しい発見、発想が生まれるとは思えません。毎日のくり返しを続けることから、驚くほど周辺が見えてきます。そして対象物と対話し続ける毎日から、確実に感性は磨かれていきます。この力が個性化のための競争力になるのでしょう。それに気づくのは、もっとずっと後のことでしたが……。

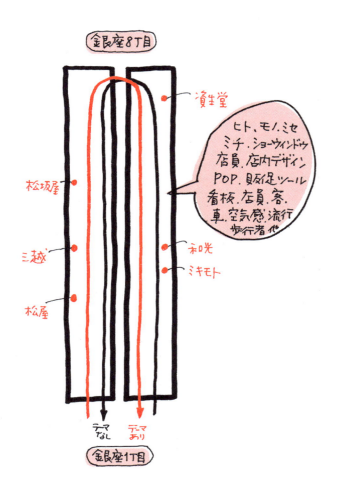

図-22

❸「21世紀偶然観光」という強制発見

> 創造には、正解はありません。
> 正解ではなく、リアリティを探してください。

「今までにない違いを創ったり、他にない新しさを考えたりする……。そこに答えは1つじゃない。リアリティがあるか、どうかです。だから、これからはリアリティ探しです」

と、博報堂生活総合研究所の関沢英彦所長（当時）の新人研修は、こんな話から始まりました。

「21世紀偶然観光」というタウンウォッチング

その目的は、偶然選ばれた都内の3地点を観察し、3点の共通項を探すこと。そしてその中から新しい時代の兆しを見つけることです。与えられた3地点（それぞれ性格の異なる地域で、例えば図23のように）をさまよう中で、新しい方向性を探ります。

いくつかの関連を無理やりくっつける中で、どこまで予測を超えるか。意外性を発見するか。

いわば、強制発見法です。

何でもくっつくけど、意外に当り前になる。見慣れてくる。しかし、新しい発見はかならずあります。現場で求められている仕事は「正解」の発見ではありません。実社会では、何をもって正解とするのか。また、何をもって正解に代えられるのか、といえば、圧倒的リアリティ（存在感）です。

「うん、まさに、そうだ」「その見方は、新しい！」と思えるリアリティを見つけること、創り出すことです。さあ、それぞれのタウンウォッチングに出かけよう、と送り出されます。

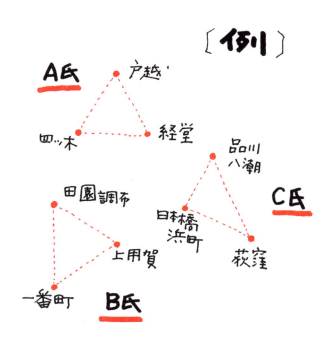

図-23

Part III　アプローチ1　「強制的な発想」訓練

テーマがない。ゴールが見えない。どうする？

　これまでは、与えられ、指示され、先が見える中で「ベスト」を創り出せばよかったのです。しかし、この研修は、テーマなしで強制的に現場に送りこまれます。

　その日から連日街歩きです。街自体をそういう視点を持って歩く経験がなかっただけに、頭の中はパニック状態。どこから、何を見、どのように動いたらいいのか、身体が動きません。ひたすら現場を歩き回り、知性、感性、無意識を総動員し、さまよい続ける……。偶然与えられた条件との格闘なのです。

偶然の中に、かならず発見はある

　無関係のようでも、いくつかの関連をムリやりつける中で、まったく新しいことが見えてくるものです。これは強制発想法という創造性訓練のひとつですが、モノを知らない人にとっては、現場で見るものすべてが発見の素材となります。

　〈図24のほかに、それぞれの切り口を見ると……〉

　・「今、高架下が熱い、と隙間都市・東京に視点を当てる」・「200円のガチャガチャから小学生の価値観の変化をとらえる」・「日本黒社会が日本の治安を守る、という仮説」・「宗教団体と地域を浮きぼりにし、宗教ビジネスの構図を」・「街の銭湯の行く末とコインランドリーの進化」・「コンビニの新しい地域サービスと新ビジネス」

　などなど、それなりに独自の視点でまとめていました。

個人個人の圧倒的な存在感へ……

　このウォッチングはさらに、アウトプットの質をも問われ、役員・局長の前での5分間発表がありました。厳しいスタートとなる1週間でしたが、新人にとっては街や人を見、感じる強烈な体験だったようです。

C氏の「観察報告」

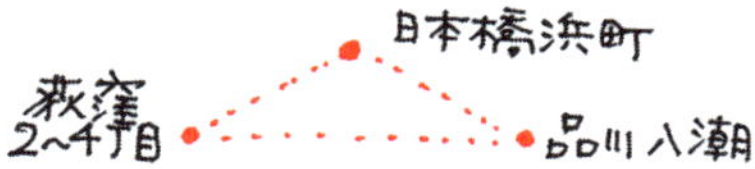

　　　　　　　　日本橋浜町
萩窪2〜4丁目 ● ─── ● 品川八潮

『21世紀しらじらけ化』

- 街中しらじらしい言葉にあふれている
  しらじらしい看板、浮ついた言葉
  しらじらしい建築物
  しらじらしい自然
- 看板でがんじがらめの21世紀
  注意書の氾濫、断り書
  看板の数だけコミュニケーションが減る
- 生活環境のシュールイ化
  人気の少ない公園
- 人間もミイラ
  土が少なく乾ききっている
- 何もかも数字で処理される
  数字で処理される樹木

図-24

「発想塾」という名の3ヵ月研修

　10年近く、制作部門の育成を、制作統括という業務の一環としてやってきました。最後の3年はソフト部門がワンユニット（MDU＝マーケット・デザイン・ユニット＝マーケティング、制作、SP、PR、キャスティング）となり、そのコンテンツ領域の部門での新人研修です。

　前述の「21世紀偶然観光」は、私が初めてMDUとしてスタートさせた発想塾です。その目的は図25にあるように、いかに自ら考えられる人材に育てていくかが最大のテーマでした。

　そのためにも「発想センス」の基本姿勢を、どう身につけさせていくか。「知識×体験」を、3ヵ月という短い期間でしみ込ませていくのです。

研修はファーストランナーをつくること

　自ら学び、自ら創る人材づくり。いわゆる広告人としてのセンスを身につけさせる3ヵ月でした。

　先ほどの「21世紀偶然観光」にあるような課題が10数回出され、考え、アウトプットをつくり、発表する。その徹底した繰り返しから、「考えるとはこういうことか」「考えるために何を身につけないといけないのか」「何ができてビジネスすることになるのか」。身体で憶えさせていきます。

　理屈やスキル、ハウツーはあとでも手渡せますが、広告人としての意識や姿勢、センス、仕事の本質、発想の体質づくりは、かんたんには育ちません。まず、「与えられないと、動けない」、学生時代までの22年間を一度壊すことからスタートします。

　現在も手法としては変化があっても、この目的自体はそう変わることはないと思うのですが。

「MDU発想塾」の目的

1. 自ら学ぶ姿勢、
   自ら創り出す姿勢をつくる

2. 既成のものを壊し、
   新しい価値づくりの面白さを知る

3. 夢を見る力（想像力）と、
   夢を実現する力（創造力）をつける

4. 足を使うことの重要性を知る。
   肌で感じることの大切さを知る

5. 広告は人間学であること。
   人間を観察することを学ぶ

6. 考えて、考えて、考えつくす。
   モノゴトを生み出すことの楽しさを知る

7. 厳しさの中で、自己発見する

図-25

● 新人研修に「タウンウォッチング」

　このところ、ハードの進化に逆行して、ハートが退化していくのが心配です。誰もが情報持ちとなり、いまや何でも知っている気分になっているようです。それは逆に、深く考えないし、深く悩まないことに通じていきます。

　そこで強制的に街にほうり出そう……と、それがタウンウォッチングです。

日頃の問題意識が問われる

　私の在籍していた当時も今も、博報堂では新人研修の中に「タウンウォッチング」がとり入れられています。1日がかりでタウンウォッチし、その考察からのまとめを発表するプログラムです（当時のテーマは図26）。

　まずは自分なりのテーマや、仮説を持って、そこからはじめて場所を選び、ウォッチングに出かけます。

　発表はA4用紙2〜3枚のレポートの報告です。大学を卒業するまでの22年間、つね日頃、どんな問題意識を持って、どう生きてきたか。それを現場に落とし込んで、そのテーマをどう深掘りできるのか……。視点が問われています。

　参考書やコピペの知識を拾い読みし、まとめるのと違い、観察・洞察が発想の核になっていることが前提です。その上に新しい視点、発見をどう加えていくか。最後に独自のまとめ方、表現でどう納得させ、共感を得るか。

　たった1日の体験ですが、とても個人のセンスの差が出る研修といえましょう。ここで、まず自分自身の知識や体験のなさを知ることとなります。

テーマ：
『街に出て、
自分の目で街や店、
モノや人々の動きを観察し
その結果を
自分なりに考察しなさい』

タウンウォッチングしよう

　ご存じのように街は、最先端の情報でいっぱいです。ヒト、モノ、ミセ、マチと、歩き回るたびに新鮮な出会いに満ちています。その上、生きている、動いている。

　映像から音から空気感、そして人々の表情までを、すべて情報にし、発想のヒントにしていこう、という手法です。

「知る」「感じる」そして「想う」

　とくにヒトが面白い。

　会社の中でビジネスする人たちと違い、ここには誰ひとりとして同じ表情、しぐさ、言葉づかいなどありません。人々が一番、自分らしさを表現している場でもあります。

　ここでは、まるで無防備。個人のわがままをさらけ出している場所なのです。データでは手にできない生の反応。トレトレの新鮮なライフスタイル。ここにテイストを軸とする情報が手に入るのです。このタウンという舞台を、「知る・感じる・想う」発想の場として、自分のものにしようというのです。

タウンウォッチングの目的は──

　図27の切り口をもとに

❶情報収集する（今、人々は、街は、世の中は……と、変化を探る）

❷考えるヒントを求める（目的に合わせ、いろいろな角度からアイディアの素を探す）

❸仮説を立て確認する（イメージはある。それが現場で通じるのか。確信が欲しい）

❹五感の磨き直し（自分の五感で考え、創る姿勢を忘れている）

❺センスアップを図る（微妙な違いを感じるリアル体験の場にする）

何を見るか
― タウンウォッチングの見方 ―

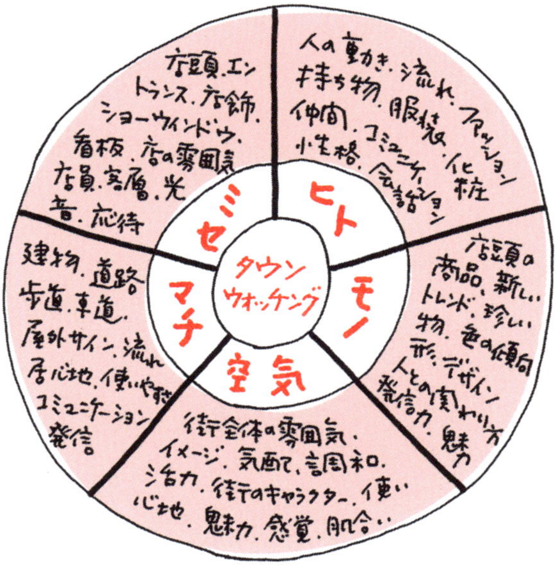

タウンウォッチング

- **ヒト**: 人の動き、流れ、持ち物、服装、ファッション、仲間、コミュニケーション、化粧、性格、会話
- **モノ**: 店頭の商品、新しい、トレンド、珍しい物、色の傾向、形、デザイン、人との関わり方、発信力、魅力
- **空気**: 街全体の雰囲気、イメージ、気配て、調和、活力、街のキャラクター、居心地、魅力、感覚、肌合…
- **マチ**: 建物、道路、歩道、車道、屋外サイン、流れ、居心地、使いやすさ、コミュニケーション、発信
- **ミセ**: 店頭、エントランス、装飾、ショーウィンドウ、看板、店の雰囲気、店員、客層、光、音、応対

図-27

街はアイディアを刺激する場

　机の前では、情報やデータをいくらいじくり回しても、なかなか思うような発想にいたりません。新しい発想とは、頭の中に新しいイメージを描くことであり、仮説を立てること。ようするに絵やストーリーを描くことです。

　新人、つまりそうした経験がない人には、頭の中で次々にイメージを思い浮かべることができません。そこで、発想の素である「ヒト、モノ、ミセ、街」の刺激の中に立たせるのです。

さあ、現場に行きましょう

　そこで、「見る、聞く、嗅ぐ、味わう、触れる」五感が、押し寄せる刺激で動き始めます。観察し、違う角度から見るから、モノの魅力も違って見えます。

　机の前では発想が狭くなる、というのは、頭の中で次々に状況を変えられないからです。現場はアイディアを生み出す環境として、とても刺激的です。しかも、その場に立つと、考えようというモチベーションも高くなります。

　積極的に何か発見しようとし、見るもの見るものに挑戦し、真剣だから何かを生み出す可能性も大です。

現場体験してみて初めてわかること

　ぶらり歩く中で、しだいに新しい気配に気づきます。空気が、人の流れが、匂いが、肌合いが違ってきていることに。また、街全体を俯瞰でとらえることができるのも、現場ならではのこと。見えなかったものが見えてくる。気づかなかったものに気づいてくる。机の上ではわからない発見がたくさん生まれてきます。

　机の上には事実があっても、真実はなかなか見えません。現場には真実があります。だから現場で考えよう……と、若手をタウンウォッチングに送り込むのです。

どう見るか。
― タウンウォッチングの進め方 ―

1. 歩きながら記録できるものを用意する（メモ帳、スマホ、デジカメ…）
2. 観察したらすぐメモる、記録する（文章でなくても思いつくまま）
3. ホットなうちメモをまとめておく（途中、カフェにでも入って）
4. 終了後、整理と再度アイディア開発
5. 街で集めた情報と別な情報を組み合わせ、発想を広げる

図-28

ⒹD出版社研修に「新しい発見の旅」

　1日かぎりの研修でしたが、出版社のカリキュラムの中に、3時間のタウンウォッチングをとり入れたことがありました。

「知る」から「感じる」体質づくり

　出版社ですし、1人ひとりが好奇心旺盛、複眼で世の中を見る習慣のある人です。フットワークはいい。座ったままでは考えない。しかし、虫の目で、皮膚感覚で、街を、人を深掘りすることができるのだろうか。と考え、わずか3時間でしたがタウンウォッチングを実践しました。

　午前中に行ったセミナー「想像と創造の磨き方」には、どうしても現場感が不可欠だったからです。3時間という短い時間では、体質化につながるとは思えません。しかし、街角でひたすら観察・洞察する時間を持つことが、五感を活性化する糸口になります。

「見る→感じる→気づく→想う」訓練

　さあ、自らの五感をフル回転させ、ウォッチングへ。タイトルは「新しい発見の旅」。強制的に現場に立たせ、今まで蓄えた情報・知識と、現場で感じた想いを組み合わせ、ストーリーづくりへとつなげていきます。

　とくに激しく世の中を動かしている地点を選び、抽選でそこへ送り込みました。東京駅ナカ、地下ショッピング街、複合施設、海岸沿いの汐留、お台場、六本木ヒルズ、進化したコンビニ、デパ地下、アキバなどなどの、ウォッチングです。

　狙いは今のトレンドの後追いでなく、さらに❶深くモノゴトを見、❷小さな兆しを発見し、❸予測し、物語を描くこと。3時間という小さな体験でも、視点が変わり、かなりなインパクトをもって発表につなげていました。

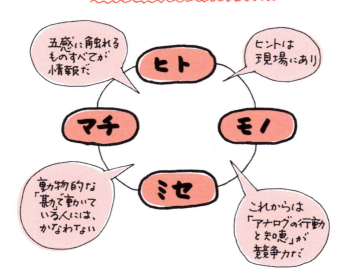

図-29

Ⓔ 脳内破壊の「100本ノック×〆」

　コピーライターの世界では、伝統的に「量」を書かせる習慣があります。これは博報堂でも電通でも、他の企業、制作会社でも実践していること。方法は違っても、「量」の訓練は欠かしていないようです。

　なぜ、「とりあえず100本」か。それは「知識も体験もない」と自覚させるためです。「ない」のならどうするか。「知る」以外にない。知ることで"思考錯誤"を繰り返す。これは量が増えるから悩めるのです。上手い下手の前に、どれだけ視点を広げて、違った切り口で量を出せるか。広告屋のセンスは量で磨かれていきます。

毎週100本の知的格闘技

　サントリー、伊勢丹などの広告で日本を代表するコピーライターとなったS氏も、博報堂の新人研修時には100本ノックを受けています。当時を、まるで知的格闘技のようだったと語ってくれました。

　しだいにコピーライター候補が絞られていく中で、毎日しごかれる研修は「100案キャッチフレーズを書いてきなさい」。

　例えば、カラーテレビのキャッチフレーズを1週間で100本つくる。それが毎週、次々と課題が出され、こなしていくのです。「何だ、これは」「これは、ひどすぎる」などと酷評される。コピーライターとして通用する文章など書いた経験のある者はひとりもいない中で、誰もが地獄のような研修だった、と。

　こうして尻を叩かれた著名なコピーライターは、フリーとなった後も1本の広告のために、300本ちかくコピーを書くことも、と本人の談。書くほどに見えてくるものがあり、発見が楽しいのでしょう。S氏の好奇心は、年とともに加速しています。

『努力できることが才能だ』
と、よく言われている。
『人間、そんなに差がある
わけない。
しつこく考えた人が勝つ』
と。これも真理だ。

図-30

ひとりで悩むことを、憶えろ

「考えろ、もっと考えろ」「考えすぎじゃない？」「これは考えていないのと同じだ」。

若い時は何をやっても突き放されます。クリエイティブディレクターのO氏は、100案以上のキャッチフレーズを書かないと見てくれない。それ以下だと無視。見せても、「もう1回、考え直したら？」と突き返される。

何が悪いのか自問自答しながら、自分なりに360度の視点で切り口を探していくのです。しかし、何度投げても壁に跳ね返されているうちに、ある方向に投げたらスコーンと抜ける感じの時があります。それを掴むために、たくさん書くしかないのです。

そういう時期が、どうしても必要です。閃きはロジックじゃ説明できません。ひたすら考え続けるから閃くものなのです。

「とりあえず100本」

100本ノックと言われる発想のトレーニングは、今も続いているようです。とにかく「自分の領域を強制的にこじ開け、新しい世界に触れる」訓練です。

20本、30本なら簡単でも、100本となると、手持ちの情報では超えられません。そのため、視点を次々に飛ばすのです。

まず相手の暮らし方や行動から始まる。

家族では、会社では、世の中の動きからは、世界の国では、街中では、時間軸では、歴史では、歳事では、動物植物にたとえると、男女を入れ換えると……などなど、切り口を広げ、組み合わせていきます（図31は切り口のヒント）。

アイディアは情報と情報の組み合わせから生まれます。まず異質な「情報」を集めないと、100本には届きません。そして、また明日までに100本です。

100本ノック。

あらゆる可能性を広げ、考え尽す。A×Bで新しい視点を。

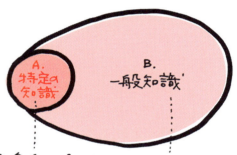

A. 身近なアプローチ
- テーマ関連、課題周辺の情報・知識
- 専門領域の知識
- 関連業界、それを取り巻く人々、流通…
- ユーザー、ファン、見込客 他

B. 360度のアプローチ
- 一般的な社会常識
- 人生経験のすべて
- 他業界、他領域
- 社会、経済、政治
- 暮らし、生活、生き方
- トレンド、風潮、時代性 他

図-31

ライバル各社でも、100本の洗礼

　電通の若手コピーライターも同様に、師匠から「明日までに、この商品のコピーを100案考えなさい」と言われています。
　これこそ制作者育成の100本ノック。まず情報を集め散らすモードを訓練する方法です。整理ではなく、あらゆるアイディアの可能性を考えつくすことこそ、この時期の目的と考えているからです。

"手で考える"ように書きつくす

　電通のK局長が自ら実践したのは、「とにかく数。たくさんと言っても100や200じゃない。会議室の壁にコピーを書いた紙を貼りつけていくのですが、すべての壁に貼りつけないと気がすまない。頭の中で考えるというより、手で考える。……とやっているうちに、やっとオリジナリティのある、新しいものがポロリと出てくる」と。
　博報堂にも同様なスタイルで考えている人が多くいるだけに、とても共感できます。

駆け出しの頃は、書いて、書いて、書く

　制作会社のN氏は、「100本、200本と書いては先輩に見てもらう。1本に○がつけば御の字。なければさらに書いた。新人なんて50本～60本ではほとんど当たらないから、少ないと見てもらえない」と振り返る。たとえ仕事のないときでも文字（言葉）から離れるなと新人には話し続けている、という。

朝までにコピー500本!

　大御所といわれ、いまだ新人が門を叩くというN広告制作所のN氏の言葉には驚かされる。「事務所の新人コピーライターには、『朝まで500本』というのをやることがある。退社時をつかまえ、10時までにこの商品のコピー500本という注文を出す」という。信じられない宿題の量で、ちょっと現場を見てみたいものです。

父、コピーライターから
娘、コピーライター Aさんへ

『**いいコピーを考えるには、頭から血が出るほど考えるしかない**』

(雑誌「ブレーン」を読んでいて、くぎづけになった。著名な父の性格を考えると、かなり本気です)

父-32

ヒント 量こそ質 ❶

『1日に100人の顔をデッサンしてくるぞ』

　平山郁夫さん（日本画家）は、学生時代、高いハードルを自分に課していた。「さあ、今日は100人の顔をデッサンしてくるぞ」と、上野の街に出かけていく……。

　描ききらないと下宿に帰らない、という強い意志の下で連日続けていたのです。本当の基礎を身につける……絵を描く上でデッサン力は絶対に必要なのです。

●

　こうした体験を、「仕入れの時代」といい、人間には一生に一度、かならずあったほうがいい。この「仕入れの時代」を乗り越えれば、人間は強くなり、大きく翔び出していく。

　そしてその経験を通ると、まず人間的な深みも出てきます。もう1点は、外で育つ感性です。机上でいくら想像力を働かせて描いても限界があります。絵そのものの個性が出てきませんし、絵が痩せていく。それは机上にばかりいては、どうしても現場の感覚が薄くなってしまうからです。絵を描くことにかぎらず、怖いこと。……と、平山さんは、著書『ぶれない』（三笠書房）で伝えてくれています。

ヒント 量こそ質 ❷

『「くまモン」誕生に、3000のデザイン案』

　今、世界的な有名人となった熊本県の宣伝部長「くまモン」。あの誕生に、アートディレクターの水野学さんは3000近いデザイン案の開発を行ったそうです。その中からの1案が「くまモン」。

　私がTVドキュメントを見た時は、あの「くまモン」のデザイン案が100枚ぐらい壁に貼られていました。目の太さや口の大きさなどを調整し、「一番いい顔」が選ばれたのでしょう。プロとして当然というこだわりから、3000のラフ案。それにしても、量はやはり裏切りません。誰もがつい微笑んでしまう、そんな魅力を漂わせています。

●

　水野さんの考えは、依頼主に提案するのは基本的に「これがベスト」と確信した一案。しかし社内では1つのプロジェクトに100〜300案は出すようにしている、と。数が多ければ新しい発見があるからで、つねに「10より100案、100より1000案」の気持ちだそうです。

Approach 2
「言葉からの連想」訓練

Ⓐ 制作会社P社の「メディアウォッチング」

　CM制作会社P社の仕事は、「情報」と「技術」で成り立っています。豊かな情報と独自の映像技術で、広告コミュニケーションの商品化をすすめていくことです。

　その時、大切なことは、「どう言うか」（技術）ではなく、「何を言うか」（情報）。考えや行動の中心となる「何を言うか」を優先せずにビジネスはできません。その原点が情報で、ここから仕事は始まります。ということで、「情報の足りなさを知る、情報の価値を知る」その前提から研修をスタートさせました。

> 「新しい時代の兆しを感じるキーワード」
> 100本選んでください。

今どき新聞？　ここがポイントです

　映像だ、ネットだ、音楽だというメディアの中で、あえて新聞の、アナログの、言葉からの連想に挑戦してもらいました。

　「発想レッスン」というタイトルのもとで、3カ月間の「メディアウォッチング」です。なぜ新聞か、は図33にあります。このように新聞を読んで「知識×体験」、そして発想へとつなげる訓練です。

身体中、情報センサーにする

　この研修は、2つのアプローチから成り立っています。

　90ページの「**メディアウォッチングA**」は、新しい時代の兆しを感じるキーワード、新しい時代のイメージが描けるキーワードを発見するステップです。次の「**メディアウォッチングB**」（92ページ）は、選ばれた情報と情報を組み合わせ、新しい価値づくりのステップで、A、B合わせて発想力を磨く訓練になっています。

「アイディアの質は、情報の量に比例する」
これを前提に ⇩

なぜ、新聞ウォッチングか

- 新聞をスミズミまで読む習慣化
- 時代を俯瞰する
- 時代のディテールを嗅ぎとる
- 専門領域外の情報収集（ボーダレス）
- 言葉・文章からイメージする、感じとる
- キーワードからストーリーを描く（想いを入れる）
- 全体を見、考える、統合力につなげる
- 創造は情報にしばられる…を知る

図-33

「メディアウォッチングA」の開始

　テーマは、『時代を洞察しよう』。
　1カ月間、新聞を読んで「新しい時代の兆しを感じるキーワード」を100本発掘。その中からベスト3を選び、時代の変化にどう関わるのか、仮説を描いてください。

●

　これがテーマと宿題です。
　作業の流れは図34のようになります。つね日頃、新聞を読むことも少なく、情報収集にはネットを開くか、専門誌を開くかでしょう。ここにとても違和感のある作業を組み込みました。
　どう新聞を読むかは個人の感覚ですが、専門領域以外の記事につき合わされるのですから、さぞ辟易したことでしょう。とてもエネルギーのいることですし、見慣れない言葉、文章からイメージも湧かず、頭も身体も動きません。

慣れるほどに言葉が浮き上がってくる

　しかし慣れるにしたがい匂ってくるものです。勘も働きます。さらに言葉の意味を感じ始め、観察から洞察へ……。深読みがすすむほどに、頭の中に絵が浮かんできます。
　自分の関心領域にないキーワード、記事の一部、数字、人物のセリフ、コメント、表現部分、広告のタイトルなど、立ち止まるだけでも時間がかかるものです。それらを洞察しながらイメージを浮かべるのですから……、努力は察します。

「兆しを感じる」とは、その背景が読めること

　実は、その時には次に述べる「メディアウォッチングB」の作業、「情報と情報の組み合わせ」が、自然に行われているのです。1点のキーワードに新しい兆しを感じるとは、その言葉の持つ背景をイメージしていることでもあります。

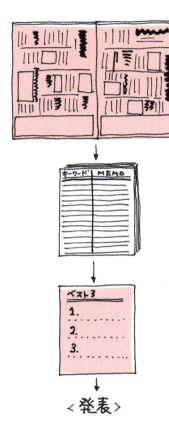

① 1ヵ月間新聞を読む
② 新しい時代の兆し、匂いを感じるキーワードを探す（タイトルでも記事中でも）
③ とりあえずマーカーチェック（重要度に合わせ色分けを）
④ 100本選び出しキーワード集をつくる
⑤ どう感じたのかMEMOを入れる
⑥ <u>厳選3本</u>
⑦ そのキーワードがこれからどう発展するか。イメージなりストーリーなりを描いておく

図-34

Part Ⅲ　アプローチ2　「言葉からの連想」訓練

続いて「メディアウォッチングB」へ

　テーマは、「新しい価値づくりをしよう」です。
　選ばれた複数のキーワード（情報）を組み合わせ、新しい関係、新しい価値を創ってください。

●

　「メディアウォッチングA」で新しい兆しを感じるキーワードを発見してもらいました。次のステップは、「選ぶ」から「創る」へ。「コンセプトメイキング」の発想訓練です。
　Aで選ばれたキーワードを2〜3本組み合わせ、新しい価値あるもの、ユニークなサービス、これから動き出しそうなビジネスなどを考えてみよう、というトレーニングです。

「アイディアのつくり方」、そのもの

　これは私たちが毎日挑戦し、頭を悩ませている、創造するとか、アイディアを生む作業と同じです。今や常識ともなっている「アイディアは、異質な情報との組み合わせで生まれる」。この原理原則にのっとって練習してみました。
　図35にあるような基本型の流れです。言葉の意味を深く探りながら組み合わせ、新しい概念、価値を生み出します。「おっ、これは新しい！」「こんなこと考えられたのか」と言わせるには、場数。量をこなすことで視野が広がり、勘も鋭くなってきます。

新しい価値づくりのために

　図にあるシートですが、単純そのもの。コンセプトメイキングそのもので、組み合わせを何度も何度も試してみるのです。「アイディアの質は量に比例する」と言われています。どれだけ数を出すかにかかっています。「アプローチ1」で例として語った100本ノック、200本ノックの世界です。この時の研修のメンバーもかなり異質な体験となり、とまどいが見られました。

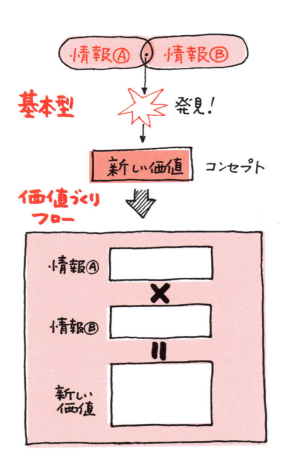

図-35

Part III アプローチ2 「言葉からの連想」訓練

「新しい価値づくり」の一例

　100本マークしたキーワードから、異質な組み合わせを考え、新しい価値を発見する訓練は、苦労が多かったようです。つね日頃、どれだけ視野を広げてモノゴトを見ているか、好奇心を持っているか、問題意識を持っているか。それだけボーダレスな毎日が求められています。では、どんな発表となったのか、その一例を示します。

Aさんの発表：「体感BOX」の提案

「進化するお試し」×「イメージボーテックス」＝体感BOX

　今までの販売の枠を超えたカタチで、「商品のお試し」が密かなブームになっています。今や、ただ物を並べ、売るだけでは勝ち残れません。お試しの進化が求められています。一方、H大学ですすめている新しいものに気づかせる検索システム（3D）＝イメージボーテックスが誕生しました。

　この2つの情報から、未体験「体験BOX」の提案です。今まで体感することのできなかったものを、「体感BOX」という空間の中で経験できるよう提案し、感動を与えたい。デパートやオフィスや電車の車内、駅などに設置し、新しいビジネスや差別化の競争づくりなどに発展させていきます。

Bさんの発表：「健康減税」

メタボリック症候群×定率減税の廃止×予防医療＝「健康減税」

　の提案です。通勤やちょっとした買い物や移動に車を使わずに、自転車を使うことを奨励し、1年間走った距離に応じて減税する仕組みです。これにより、予防医学への関心も高まり、医療費予算も減る。車からの二酸化炭素の排出量も減る。などなど国民生活への波及効果は大きい。

メディアウォッチングの評価
＜メンバーからの感想の一部をご紹介＞

N氏『いい意味で、強制的に新聞を読むという機会を与えられ、今まで見てこなかった分野の広い範囲からの情報を得、客観的に見ることの大切さを体験できたことが、一番の収穫だ』

O氏『「何か」と「何か」を足して、別の「何か」を生むというのは、単純であるが面白い。A×BはABではないものができることに気づかされた。このことはすべての仕事に生きると思う』

I氏『異質な2つの物事を組み合わせて、新しい発想をすることの難しさを知った。どうしても既存の自分自身の知識の中に当てはめてしまう。既成概念が、新しい発想のじゃまをするものだ、と実感』

図-36

❸「イメージ想起」訓練

　いかに知らないか。いかに頭が動かないか。いかにイメージが広がらないか。新人の自覚をうながす発想トレーニングは、先ほどの「21世紀偶然観光」（64ページ）を発案した関沢英彦氏です。

> 30のキーワードがあります。順番に90秒ずつで
> 思いつくイメージを何個でもいいからあげてください。

　この課題のもとに、1枚1枚のキーワードに90秒で、感じる、思いつくイメージを言葉化していきます。

情報×情報、この飛躍をイメージする

　例えば、「10センチ」と「安心感」。この2つの言葉の間に、どのような関係をつくるか。イメージをふくらませることで、新しい意味を生み出していきます。もちろん、自分の知識・体験の範囲を超えることはありません。90秒の時間の中で、どれだけ飛躍できるか。言葉の意味にこだわらず、どんな新しい解釈をするか、を問われています。これはイマジネーション力を高める訓練です。

クリエイティブ・ジャンプの力が欲しい

　アイディアは異質な情報の組み合わせで生まれます。この原則を使い、知識と体験を増やし、どこまで飛躍して当り前から抜け出せるか。錯綜する混沌社会で、どんな情報を組み合わせ新しい生き方を見つけられるか。

　ここでは創造的思考が不可欠になってきます。単に論理を組み立てるのではなく、今の位置からどれだけ飛躍できるかにかかっているからです。全体から引いてイメージし、新しい解釈をつくる……そこを今から目標にしましょう。

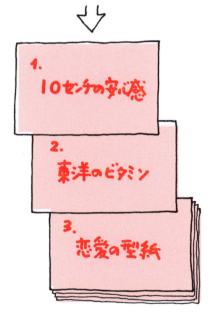

図-37

🄲 課題「言葉からのイメージ発想」

　長い間続いているデザイナー採用時の発想力テストは、学生の間でも超難関。とても嫌がられていたのを想い出します。例えば、

> 「愛」という言葉からイメージするものを
> 絵に定着しなさい。

　この課題を金曜日に出し、月曜日に提出です。クロッキーブック（100ページ）に描けるだけ描く発想力の課題。学生にとっては出会ったことのないテーマで、『暗黒の週末』と言われていました。でも発想力の差は明確に表れます。

生き方以上の発想は生まれません

　22年間生きてきた自分の中だけでしか考えられません。自分の見聞きしたこと、経験、視点、問題意識、発見力、イメージ力、感性……。すべての総合力が見えてきます。結果、クロッキーブック半分（50案）の人と、3冊（300案）の人と……。これほどの違いが出てきます。好奇心旺盛な人は、つねに考えたり創ったりすることにつなげています。作品提出の質より、この資質を私たちは求めているのです。

発想センスは、自分の成長以外にない

　創造することは、日常の暮らし方と深いつながりがあります。その人の毎日の生き方と切り離しては考えられません。どう考えるか、どう創るかは、今までいかに生きてきたか、そのものです。わがまま勝手に生きてきた人が、突然、相手の立場で考えることはできません。量を宿題にすると、かならず「その人らしさ」が出てきます。考えるまでもなく、毎日の暮らしが「発想の訓練」なのです。

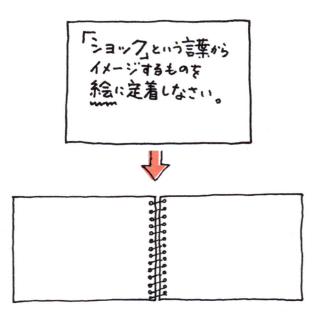

図-38

❶「1泊4日のKJ法」特訓

　1970年、博報堂に「KJ法」の嵐が吹き荒れました。全社員参加が義務づけられ、それぞれスケジュール化され、博報堂軽井沢研修所へ。現場は眠れる状況ではなかったことから、1泊4日の旅と言われていたようです。

> 「同じ釜の飯を食う。共有体験が不可欠だ」

　当時としては、人材教育に全社員KJ法というのは、かなり早いスタートでしたが、トップの強い意志が加速させました。
❶「情報」を商品化する創造の世界で、つねに同じ志を共有すること
❷職種の違うグループが一体となって課題解決を共有体験すること
❸個々人が科学的な「整理発想法」のコアを持ち、そこから進化すること
という目的だったと思います。

待っていた、新館・博報堂軽井沢研修所

　このタイミングで建てられた博報堂軽井沢研修所（1968年竣工）には、ひっきりなしに社員が入ってくる。そして昼夜を問わずグループ作業が続く。課題に向い情報を出し続け、意見を戦わせ、収束していく。それぞれ違う専門性を持った人間が、畳の上で、自由な雰囲気の中で自分の考えをぶつけてくるのですから、熱くなります。

　当然、情報や知識の少ない人は、やはり発言も少ない。日頃の貯えがものを言うのは、どの発想法にも通じることです。

　1泊4日の旅——この、それぞれ異なった専門家とのグループディスカッションにより、異質な力を知り、己を知る、得がたい時間を手にしたのです。

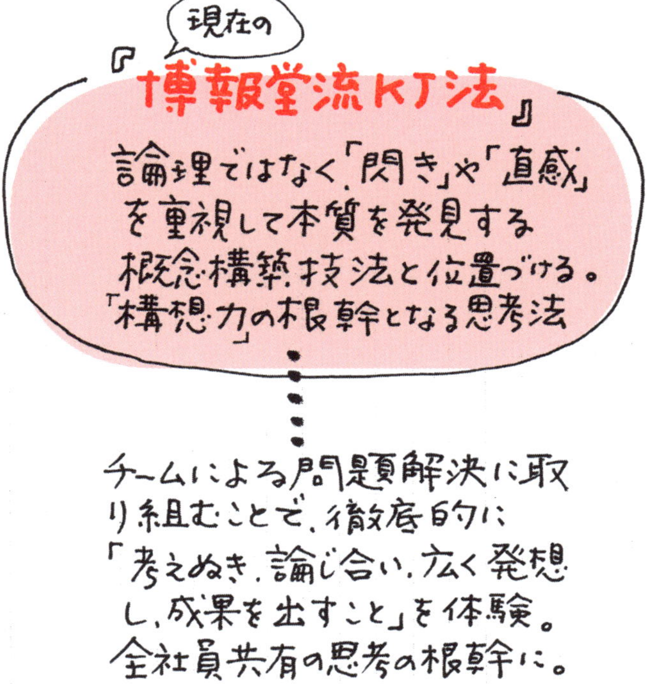

『「現在の」博報堂流KJ法』
論理ではなく、「閃き」や「直感」を重視して本質を発見する概念構築技法と位置づける。「構想力」の根幹となる思考法

チームによる問題解決に取り組むことで、徹底的に「考えぬき、論じ合い、広く発想し、成果を出すこと」を体験。全社員共有の思考の根幹に。

図-39

KJ法とは、整理法×発想法

　KJ法は、文化人類学者・川喜田二郎氏が、野外調査データをまとめるために考案した手法。しだいに工夫され、1968年頃に研修体系もできあがり、ブレーンストーミングと並んで広く使われているようです。企業研修や学校教育、社内での課題解決や商品開発、各種ワークショップなど、広範囲に使われています。

KJ法のすすめ方は——

　カードを用いた情報整理術で、❶1枚のカードに1つのキーワードを書いて、❷たくさんのカードをつくった上で、❸似たカード同士をグループにわけていきます。❹そのグループにタイトル（表札）をつけ、❺最終的には1つの仮説に絞り込んでいきます（図40）。

　時間はかかりますが、じっくり構想を練りあげ、アイディア開発するのにとても有効です。雑多なデータをもとに仮説を立てたり、データ、情報から消費者像を描き出したり、さまざまな角度から課題を出し、それを全体像に組み立てることに向いています。

整理整頓ではなく、問題の本質発見を!

　ポイントは、この情報・データは何を言おうとしているのか……をカードに書くこと。1つの「志」を伝えるように書き、その「想い」を読み取るところにあります。カードを繰り返し読み、そこからその「想い」を見ぬくには、自分の持っている知識や経験に照らしていかなければなりません。

　じっくりと読むことで見えてくる仮説がアイディアとなる。頭の中の引き出しが豊かな人ほど、多彩なアイディアを得ることができるのです。逆に引き出しの少ない人にとっては、思い知らされることも多々あります。

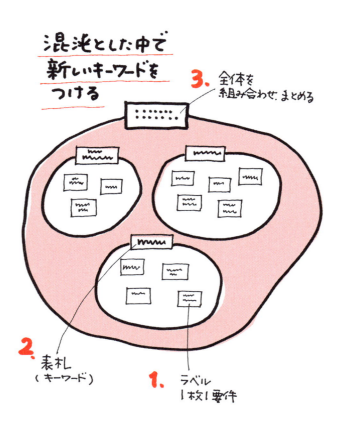

Part III　アプローチ2　「言葉からの連想」訓練

Ⓔ アイディアを生む準備運動

「夢見て実行する一団」と言われ、ウォルト・ディズニーの夢と構想を大きく育て、拡大しているクリエイターたち「イマジニア」。彼らは、いつでも白紙からスタートする。「夢のことを語ってばかりいないで、何かをするのだ。何かを紙に書く。とにかく始めるのだ」とウォルトの口ぐせがしみ込んでいるからでしょう。

> 白紙は、もっとも素晴らしいチャンス

何でもいいから書く。違うとわかっていてもかまわない。いつでも白紙からスタートする……仕事の一番いい準備運動なのだ、と。

白い紙に書くことで、オリジナル

博報堂でも現場時代、「白い紙に書け、壁に書け」と、模造紙を何枚も壁に貼り、アイディアフラッシュの段階で書きまくったものです。また、最近のように課題解決型の仕事にも、壁を使うのは効果的です。

❶取材した情報や知識を、直接、壁に貼った模造紙に書きなぐっていきます。何が悩みか、何が欲しいのか　❷大きな壁だと発想も広がり、自ら枠をつくらずフリーな気分で考えられます　❸書いた情報から全体を眺め、何が、どう動いているかを発見　❹情報を組み合わせ、新しい関係を創っていく　❺壁から離れて見ることで、客観視ができる　❻貼っておくことで、チームメンバーが書き足すこともできるし、プロセスごと共有もできます。

手を動かし、紙に書くことで、人真似じゃないオリジナルを手にすることができるのです。始まれば次々に書きたくなる。準備は整ったのです。

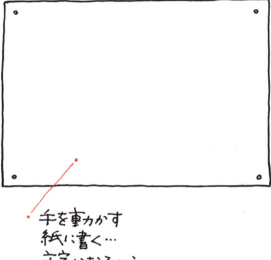

図-41

🅕「3回3ラウンド発想法」を訓練に

　ここでは、プロの発想法を訓練に取り入れてみようという提案です。コンスタントに結果を出すには、プロにはプロとしての独自のアイディア開発法があります。そのヒントとスタイルを、博報堂の小沢正光氏から聞き出し、私も参考にしています。

> 「3回3ラウンド」という開発法

　忙しくても、スケジュールを逆算し、時間をかけ、量を出し続ける。そして特長的なのは、徹底して壁を使う、手書きで考えるスタイルです。まるで壁を仲間にするように、四方に模造紙が貼られ、そこに書きまくっています。

3回を3ラウンド繰り返す
❶ <u>アイディアを書き出す</u>　自分の頭の中にある考えをすべて紙の上に出す。馬鹿になって思いついたアイディアを、ひたすら紙の上へ。最低100案以上、キャッチフレーズにして出す。
❷ <u>整理する</u>　書き込んだ中からA4サイズの紙に清書する。1枚につき1つのアイディアを書き、また壁に貼る。
❸ <u>チョイスする</u>　壁に貼られたアイディアを客観的に眺めながら、取捨選択する。

　これを図42のように3回1セットで、3ラウンドくり返します。

優れたアイディアは、まだ眠っている
　ということで、頭の中をリセットし、3ラウンドくり返します。この作業はすべて壁。「あいまいな思考は書くことで具体化する」と、目に見えるカタチにしていくのです。壁に貼られた言葉から、次々にイメージされてアイディアは進化していきます。

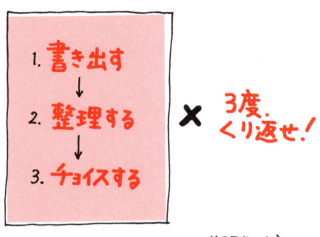

図-42

❼「広告から探る人間洞察」

　優れた広告表現には、人間観察の深さが見え隠れしています。なぜなら、企業も商品も、生活者との関わりで成り立ち、当然、広告は人間をはずして考えられないからです。

　そこで、この広告表現を徹底してウォッチングしてみよう……という人間洞察のトレーニングです。広告のプロが人への想いをどう表現しているのか。人と人、人とモノ、人と社会との関わりをどうとらえているのか……。広告は社会学だ、心理学だと言われる様子が見えてきます。

そこで、20本の切り抜きトレーニング

　自分の好きな広告の切り抜きを、20点（新聞や雑誌他）集めてもらいます。何を選ぶかは本人のテーマしだい。その時、20点の広告を前にし、なぜこの「広告」なのか、自ら探ることです。

　企業の考え方に共感するのか、時代のとらえ方か、人の描き方か。こんな生き方、人間の表し方が素敵だとか、言葉の表現とかイメージが感覚に合うのか、などなど自問自答しながら、自らを確認することができます。その上で、これから人は何を考え、どう動こうとしているのか。広告をとおして人間発見の訓練にもなっていきます。

博報堂の研修に、広告ウォッチング

　講師は、本人の好きな広告を10点切り抜いてきて発表させます。この人は、今何を考え、何に興味を持ち、どんな問題意識を持ち、どこまで人間を深く観察しているのか。とてもよく表れてくるからです。

　逆にこの人は何も考えていない。単なる好き嫌い、印象でしか語っていない、もわかります。ここにも生き方以上のものは表れてきません。それが真理です。

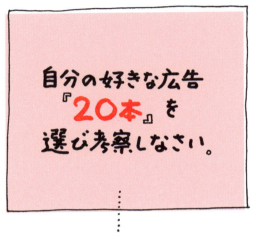

図-43

ヒント 量こそ質 ❸

『1年に200曲と格闘している』

　映画やドラマの人気作曲家の佐藤直紀さん。映画「ALWAYS 三丁目の夕日」「龍馬伝」(NHK)のテーマ曲など、今も1年200曲という数に挑戦している。

　心ゆさぶる曲、一度聞いたら忘れられない曲、どんな映画にも映像にも合う曲……と、人生最高のメロディを目ざす。それには「あがいて、あがいて、あがきぬくこと」。才能があると思ったことはない。個性はつくるものではなく、あがきぬいてしみ出てくるものだ、と言う。

●

　つねに最新作を最高傑作にしたいと思う。映画「秘密」に26曲。まずテーマ曲で全体のテイストをつくります。そのため演出のコンセプトに合わせ、くり返し観る。時には数百回観ることで、空気や匂いを感じて探り続けるのです。けっして頭の中にストックがあるわけじゃない。机の上でつくることができるわけじゃない。ギリギリまで、見て、考えて、組み合わせて、格闘し続ける……技術論では上手くなれないから、とあくまでも挑戦の姿勢をくずしていません。

ヒント (量こそ質) ❹

『食材をひたすら、リュックサックにほうり込む感じ』

　30数年以上もエンターテインメント業界を引っ張り続ける秋元康さんの企画が成功する方法とは――。それは「次に何が起きるんだろう？」という意外性を、受け手に感じさせることが大切と言う。それでは企画のタネの集め方に秘密がありそうに見えますが、そこは秋元さん流のモノの見方と調理の仕方にあるようです。

●

　「アイディアは料理で言う食材みたいなもの。並べただけでは料理になりません。調理してはじめて料理、つまり使える企画になるのです。そのためにも頭の中にアトランダムにたくさん食材を集めます。見えないリュックサックを背負って歩きながら、"何か引っかかったもの"を無造作にどんどん投げ込むイメージです。企画のタネは、目の前に転がっているのですから」。

●

　とは言っても秋元さんの面白いものという食材を、我々が同じように見つけるには、ひたすら数を集める訓練が必要のようです。

Approach 3
「イメージからの物語づくり」訓練

🅐 自分で考える力を育てる「思考の地図」

　もう数年前のことですが、偶然見た番組が、NHKの「『考える力』を育てるフィンランド」という番組でした。「思考の地図」をテーマに、フィンランドの教育現場をTVで追いかけたドキュメンタリー。つねに自分で考え、疑問を投げかけ、自らイメージを広げ、カタチづくっていく授業が、小学生から行われているのです。

　多少、変わってきているとはいえ、私たちは知識偏重。教えられ知識を得ることでよしとしてきました。この番組で、あまりにも発想力の豊かな小学5年生を見て、愕然としました。

フィンランド式「思考の地図」が基本ツール

　昔はフィンランドも詰め込み教育が主流。その後、教育再生を訴え、今のスタイルになったそうです。「思考の地図」が基本ツールで、見たもの、考えたものから次々に発想し、樹の形の上に広げていく発想法です。そして、つねに自分の考えを述べ、その理由づけをする「ミクシ？（Miksi?）　どうして？」が飛びかいます。

　つねに「ミクシ？」（なぜ？）と問いかけることで、考える力を育てています。とくに、フィンランドの国語教科書で採用されている「思考の地図」がとてもユニーク。これを小学生が思考の流れの中に、ごくごく自然に使い込んでいくのです。

ある創作文の授業の中で（小学5年生）……

　「思考の地図」は、説明のない写真を渡し、生徒達に物語をつくらせるという授業です。1人ひとりに異なる雑誌写真の切り抜きを渡す。生徒は、その1枚の写真から、まず思考の地図をつくり、それが人物なら、具体的な主人公を設定します。

　例えば、図44の「この人は、誰？」。

この人は、どんな人ですか?

　先の写真（図44）から、図45のように、どんな人物かをイメージし、次々と設定を広げていきます。名前から年齢、家族、仲間、住まい……さらに個人の性格やクセなど連想は続きます。そのディティールがしっかりするほど、物語の奥深さが出てくるのです。それは5W1H（Who、What、Why、When、Where、How）にちかい形で書かれているのでしょう。

1枚の写真から物語づくり

　人物設定ができると、それぞれにアイディアが入ってくる……。❶はじめに → ❷舞台は → ❸そして山場を迎え → ❹エンディングに。起承転結のような簡単なベクトルを入れ込み、そこを基準に肉づけされています。とても小学校5年生の創作とは思えない出来映えの発表でした。

まさに発想法のツールを動かしている

　私たちの仕事の大半が課題解決です。もっとこうしたい、こうなりたい。もっと楽しませたい。悩み解決の毎日です。

　その悩みを真ん中に置いて、「なぜ?」と連想されることを枝でつないでいく……。そこに新しい舞台（仮説）を設定し、私ならこうしたいと提案につなげていきます（マインドマップという発想ツールに似ています）。5W1Hをヒントにしながら、「思考の地図」は1人トレーニングのツールに使えそうです。

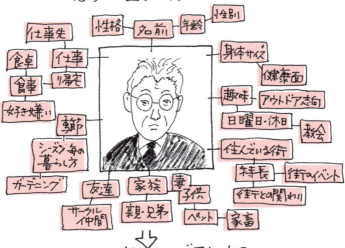

「ゼロ」からの物語づくり
思考の地図をつくっていく…

- 人物設定にアイディアを入れる
  （起承転結）
① 物語をどうまとめるか？
② 物語の舞台は？
③ 物語の山場は？
④ エンディングは？

＜発表＞

-45

❽「頭の中に絵を描く」訓練

> ゴールイメージが見えてないぞ！

　「何がやりたいのか」「何をつくりたいのか」「どうなりたいのか」、頭の中にきちんと絵が描けないと、先に進みません。チーム作業での約束です。その絵とは、自分の想いや夢を実現するための、ゴールイメージ。完成予想図なしに平面図は描けないし、戦略なしに戦術はありません。「何がやりたいのか」があって、そのために「どうするのか」。まず頭の中にある絵を描く習慣を身につけます。

「こんな……」を枕詞に、イメージづくり

　図46にあるように、「こんな……」という枕詞を使ってイメージします。稚拙であってもいい。「こんな会社にしてみたい」「こんなキャンペーンに」「こんな世界にしてみたい」「こんな売り方をしてみたい」と、とにかく仮説からスタートです。

　絵を描くことは、みんなが共有化できる仕上がりイメージを描くこと。1枚の絵には、その先に広がるストーリーが見えること。論理だけで組み立てていては、全員の頭の中にイメージは共有できません。しかも、コンセプトはどうしても他社と同じ土俵に集まってきます。差別化のためにも、絵を描くことです。

絵を描くセンス……それは知識×体験量

　ゴールイメージは、絵でも、写真でも、ストーリーでもいいが、つくるには知識の量と質が必要です。日頃の幅広い雑学の組み合わせから、ポッと絵が浮かぶからです。未知の、異質の、他領域の中へジャンプ！「こんな……！」が生まれると、チームは一斉にそこに向って動き始めます。

すべての仕事に『こんな…』を描く習慣

（こんなイメージで始めよう）

- ディズニーランドのようなデパートにしたい
- 家庭にない、職場にない 安らぎの「第3の場」を売りたい
- 親子一緒に楽しめる、世界一幸せなパークをつくりたい
- 「第二のわが家」をつくりたい
- 家電販売店で売られる車をつくりたい
- 書店員が選ぶ本の大賞をつくりたい
- アメリカスタイルを売る全館アメリ館をつくりたい
- 植物園のようなエコオフィスをつくりたい
- 英・湖水地方の田園文化を県のアイデンティティにしていきたい
- ちょい飲みできるバルのあるコンビニをつくりたい

図-46

❸「コンセプトメイキング」の訓練

> 自分の看板を変える時だ

　B企画制作会社（大阪）から、体質改善の基盤である「考える力」を高めたい、と依頼がありました。

　テーマは「コンセプトメイキング」の理解と実践です。「一番先に選ばれ、相談されるパートナー」になる。そのためにはコミュニケーションの力で、どこまで相手のビジネスに貢献できるか、その評価にかかっています。今こそ、「自分の看板を変える時だ」と。そこで、考える体質を身につけるには一番コアとなる「コンセプトメイキング」の知識と体験が不可欠です。

コンセプトメイキングは「変化の時代の発想法」

　コンセプトとは、単なる「概念」ではなく、『新しい価値観の創造』を言い、個性化・差別化の柱を立てることにあります。そのためには、つねに時代を、暮らしを、人を見続けること。求める価値観に合わせること。そしてその想いを言葉で伝え続けることです。

研修は、「新しいカフェのストアコンセプト」

　前半は、「これでもか、これでもか、コンセプト」というタイトルで、コンセプトの実例をもとに周辺知識をレクチャー。そして次回までの宿題（図48）を出しました。

　その作業の条件は、❶既成概念を壊し、新しい価値観を発見すること、❷キーワード化すること、❸すべての考え・行動の指針となること、❹イメージが統一されていること。それは単なるアイディアではなく、全体構想をイメージしています。

図-47

強制的に、探させる、体験させる

　ここから「コンセプトのつくり方」（図47）の流れにそって作業開始となります。

STEP1　「知る」……深掘の訓練

❶実際に店に出かけ、徹底的に自らの目と耳と体で、カフェの店、キャスト、ゲストを観察すること。

❷お客様の生の言葉から、実感性のある価値を読みとり、拾い上げ、組み立てる。

❸一時情報（自らタウンウォッチングして手に入れる）、二次情報（ネットや新聞、雑誌、専門誌他）から、領域外の一般情報をかき集め、今、世の中が求めていることを探る、つなげる。

STEP2　「考える」……数を出す訓練

❶STEP1で収集した情報から、新しい関係を、新しい組み合わせを見つける。

❷そこには、つねに、人は何を望んでいるのか／何をして欲しいのか／どうしたら喜ぶのか。それで「好き！」と言わせられるのか／その魅力で永続きするのか。それは「どこにでもあるカフェ」ではなく、「他にないカフェ」か。

❸これでスターバックスを超えられるのか。

❹新しいカフェのコンセプトの数を出し、自ら3案選び、ショートストーリーにして発表へ。

課題提案後、2週間目の発表

　『なぜ、これがユニークなのか、売り込んでください』と、1人15分の発表。そこにリアリティがあるか……と、またフリーディスカッションです。発表に正解も順位もありませんが、束のようにたまった案と、2週間の体験が財産になったと思います。

　訓練には、2つのSTEPがあって、ともに量が伴います。ここの素材がなければ、新しい組み合わせからの発見は不可能です。

＜宿題＞

『スターバックスを超える新しいカフェ「X」をつくりたい。そのカフェのストアコンセプトを考えてください』

図-48

🅓 新聞記事3点からの「コンセプトづくり」

　IT関連中心の企画会社G社から、「発想センス」を磨くトレーニングの依頼。そのG社の悩みは——、
❶自分の関心領域には深いが、領域外は狭い。
❷社会との関わりの中で考える姿勢が欠けている。
❸現場感が薄く、全体を俯瞰して見られない。
❹言葉が広がらない。言葉にイメージがない。言葉を大切にしない。
　という悩みの中での依頼です。IT関連とはいえ、考える姿勢はアナログそのもの。まず、相手がいて、相手の理解・共感・信頼からビジネスが成り立つ基本姿勢が大前提です。❶〜❹はG社にかぎったことではなく、多くの企業が持っている悩みかと思います。

ここは、あえてアナログメディアを使って……

　「アプローチ2」で述べた「メディアウォッチング」(88ページ)を応用。時間の制約もあり、私のほうで新聞の切り抜きを100点用意しました。この100点の記事を、徹底して読ませ、そこから新しい時代の動きを探ってもらいます。そして、数点の記事を組み合わせ、明日の予測を考えるコンセプトメイキングです(図49)。

　〈目的〉は、「ボーダレスな体験を通して、新しい価値観づくりのトレーニング」。

　　❶〜❹の悩みを踏まえ、次のような作業工程と成果を期待しています。
(a) 強制的に新聞記事を読む。
(b) 世の中の動きを全体像として掴む。
(c) 記事を深読みすることで、言葉を知る。意味を知る。
(d) 自らの想い、意志を込めながら読む。
(e) 情報と情報を組み合わせ、新しい発見を。
(f) 新しい視点でコンセプトを。キーワードを。
(g) あるべき姿をイメージし、ストーリーにする。

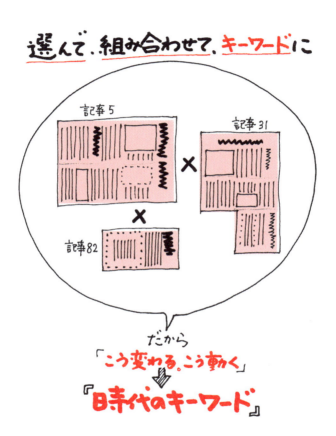

図-49

Part Ⅲ　アプローチ3　「イメージからの物語づくり」訓練

知識×体験×量

　繰り返し述べているように、コンセプトもアイディアも、異質な情報との組み合わせから生まれます。この原則に添って、ここでも「知識を得る×体験する×量を発想する」の訓練です。

　新キーワード発見へ。その流れは……、

　「素材」は私が用意した100点の新聞記事の切り抜き。この情報をいろいろ組み合わせ、新しい価値観（概念）を創り出します。

　〈作業〉は、

❶用意した100点の新聞記事を、1点ずつA4用紙にコピーし、100枚。

❷この記事を机の上に広げ、複数枚を組み合わせ新しい価値、概念を探す（図50）。

❸いろいろ組み合わせ、新しい時代を感じさせるキーワードを作成。何案も考える。

❹考えた案の中から選択し、選んだ案に簡単なストーリーをつくる。

どこまで「クリエイティブ・ジャンプ」ができるか

　・世の中をどう変えていくか　・街はどんなことが起こりそうか　・どんなビジネスを創っていくか　・暮らしをどう変えていくか　・人々はどんな幸せを手にするか　・日本はどこに向っていくのか　・どんな商品が流行しそうか……。

　このような強い想いを持った、提案性のあるキーワードが理想です。ただ、発想の意外性や飛躍は欲しいが、それがどこまでリアリティを持つか。発想には、そのバランスがつねに求められています。

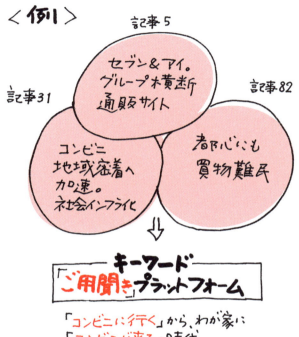

図-50

E 「情報×情報」の連想トレ

　私たちは会社でも家庭でも、毎日、何らかの創造的作業に関わっています。ようするに、「考える」ことです。この作業は、情報や知識を「集めて、貯めて、組み合わせる」……この過程をふまずに創造の成果を得ることはできません。

「知らない」から考えられない

　「知っている」から考えられ、気づき、提案ができます。あらためて、アイディアのつくり方の原理・原則は、❶アイディアの質は、情報量に比例する、❷アイディアは既存の情報の組み合わせ、この2つです。

　量があって自在に組み合わせて、「意外性」が生まれます。知っているから、量があるから、発想の飛躍が可能となります。

組み合わせとは、新しい意味づくり

　右の図51は、「情報A×情報B」の関係図です。ここでの情報Aは、自らの課題とし、「清涼飲料の商品開発」とします。今、高品質でも差がなく、とくに個性もない。魅力がないのは世の中のニーズに合っていないということです。では、どうニーズに合わせるのか。さあ、情報Bのどことつなぐのか。いくつもの連想トレを始めてください。

　ただし、情報Bのストックが問題です。定量調査や単なる分析では発想は新しくならないし、ライバルと同じところで戦うようなもの。独自の情報Bとの組み合わせが、競争力を生みます。

情報は生きもの。大き目のポケットに

　大き目とは、ゆるめ。ザクザク穴だらけでもいい。あまり細かく分類するのは考えものです。今の情報は多面性を持ち、きちんとポケットにおさまりません。あまり教科書的な分類でなく、たくさん貯まってから自分流で仕分けてみてください。

　準備が整ったら、自らの課題に合わせ「A×B」の訓練です。

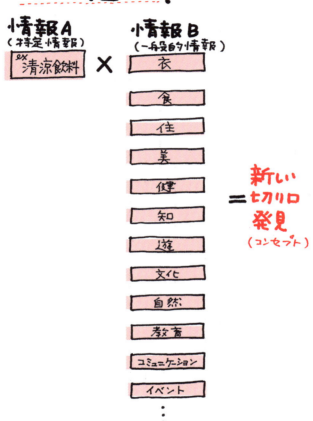

図-51

F 「創造力&成長」アップに、量の洗礼

> 良いアイディアが生み出される可能性は、
> 出されたアイディアの量に比例する

　これは「ブレーンストーミング」（アイディア出しの手法）の提唱者である、アレックス・オズボーン氏の言葉ですが、今や常識。集団でお互いの発想をぶつけ合ってアイディアを重ねていきます。もちろん個人であっても「量こそ質」。現場で思考を積み重ね、数多くの知恵を実感していきましょう。

金沢美術工芸大学、量の洗礼

　同大学で教えられている荷方邦夫さんの著書『心を動かすデザインの秘密』によると、2年生になると別名「アジ課題」と呼ばれる名物授業の洗礼を受ける。アジ課題とは、1匹のアジから発想を広げ、ドローイング（素描）から始まり、紙を使った立体構成、写真の切り抜き、石やボタン、ガラクタといった素材を使った構成など、ありとあらゆるやり方でアイディアを広げながら「魚の表現」を行うものです。ドローイングは200近い方向から、テクスチャーを使った構成は80パターンなど、1人で数百のサンプルをつくるという。毎日徹夜に近い状態が続く、ハードな課題です。

学生が、この課題で学ぶこと

　「数多くのデザイン案をひたすら描き重ねることは、そこから逃げ出すことのできないデザインという行為そのものだから」と言う。時間と体力を必要とし、集中と発想の転換を繰り返し、アイディアは天の啓示のように降ってくるものではないことを知る。そして、「手で考え、心で作る」大学のモットーを全員が共有化することである、と言う。

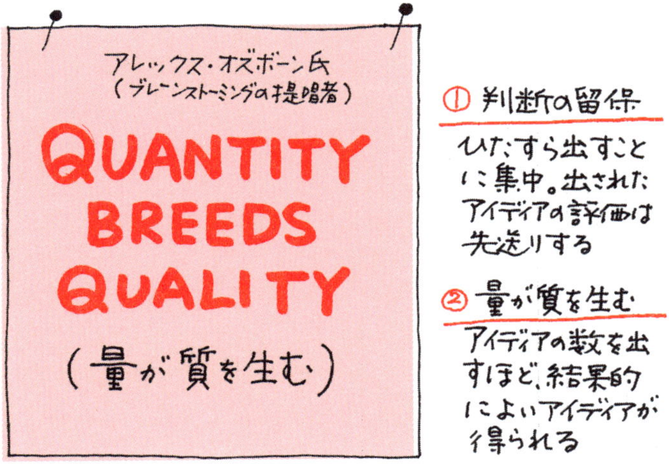

アレックス・オズボーン氏
(ブレーンストーミングの提唱者)

QUANTITY BREEDS QUALITY
(量が質を生む)

① 判断の留保
ひたすら出すことに集中。出されたアイディアの評価は先送りする

② 量が質を生む
アイディアの数を出すほど、結果的によいアイディアが得られる

図-52

🄖「発想力鍛錬」ワークショップ

　日本経済新聞社主催の「星新一賞」という短編文学賞があります。この日経と情報誌「ダ・ヴィンチ」のタイアップで開かれているのが、「発想力鍛錬ワークショップ」です。2015年はゲスト作家のひとり田丸雅智さんが、大学生を対象に、超ショートショートの手ほどきをしていました。

「物語」を創るヒントは、20の言葉

　そのワークショップの中心は言葉。言葉から連想し、組み合わせ、日常から非日常の世界を描いていくのです。

❶1人で20個の言葉を書き出す。
❷その言葉と連想（イメージ）を組み合わせる。
❸「不思議な言葉」をつくる。
❹「不思議な言葉」から想像を広げ、短い物語を書く。

　といったプロセスです。「発想にNGも答えもない。くだらないと思ってもどんどん書くことが大事だ」と。不思議な話は、不思議な言葉から、という田丸さんのメソッドは、あらゆるアイディア開発の基本姿勢です。オリジナリティを出す……それは不思議な言葉を、たくさん用意することにかかっています。

さらに創造性を高めていくために

　ビジネスでの発想では、上記の「言葉」を「情報」におきかえてみましょう。たくさんの情報を集め、組み合わせ、化学反応を想定します。そこから「不思議な言葉」に代わるコンセプトを創り出し、物語を展開していきます。ショートショートを書き上げる発想法と、少しの違いもありません。ただ、いずれにしても、創造性を求められる人には、図53のような発想力を高める基本姿勢を、つねに意識してほしいものです。

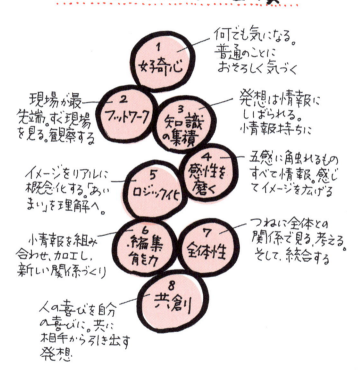

図-53

ヒント 量こそ質 ❺

『「万」を超える数の、トライ&エラーを繰り返す』

　日本の工業デザイナーで、世界的なカーデザイナーとして知られている奥山清行さんは、発想について次のように語っていました。
「たったひとつの答えを得るために、万を超える数のトライ&エラーを繰り返してきた。フェラーリ創業55周年記念特別車『エンツォ・フェラーリ』のデザインスケッチを、15分で描き上げたのですが、その1枚のスケッチの背景には、それまでの何千何万という数のスケッチを描いた蓄積があります。なぜプロが結果を出せるのかといえば、圧倒的な量をこなしていることが大きいのです」。

　そして、

●

「アイディアは会議室では絶対生まれない。朝のテーブルの上やカフェのナプキン1枚にも、次々に書く。そして1万個のアイディアを書いてみる。選ばれるのは1個だが、9999個は次に生きる。それに費やすだけの時間と労力、そして情熱があるから勝つことができるのです」。

ヒント 量こそ質 ❻

『4番1000日計画。「松井素振りだ」』

「発想」とはちょっと距離をおきますが、量だ、数だ、汗だ、となると、つい有名なこの話になります。松井秀喜さんの巨人軍不動の4番育成の話です。長嶋茂雄監督就任記者会見の席で、新人松井選手を「私が育てたい……」と。松井に4番を打たせる時は、「不動の4番」でなければならない。それには1000日、ひたすら振り続ける素振りの日が必要なのです。

●

　時間も場所も選ばず呼び出す。ホームゲームでは、ミーティングルーム、監督室、自宅では地下室へ。遠征先では自室へ。監督と続く素振りは、ただ技術を磨くだけではなく、剣道の素振りと同じで、精神の鍛練という側面を持つのです。その先にあるもののために、日々積み重ねる強さへ、まさに修行のようなものだったようです。素振りで一流になれるとはかぎりません。しかし、この素振り、量なしでは、ぜったい一流にはなれないのです。これが真実です。

Part Ⅲ　アプローチ3　「イメージからの物語づくり」訓練

Approach 4
「新しい兆し探し」訓練

Ⓐ「コンビニウォッチング」を日課に

　今、私たちが求められている創造力とは。例えば、「Aが流行っている」という情報を得ると、その反応として「じゃあ、次はどうなっていくか」と、自分の"想像性"を発揮することです。今の流行はピークであり、もう過去のもの。「絶対、その先を狙う」という気概が欲しいものです。その気にさせてくれるのが、コンビニ。

次はどうなる。その先はどうなる

　なぜコンビニウォッチングか。一番大切な情報は、我われの日常生活自体にあります。その最たるものがコンビニ。ここには、日常生活の基本的な暮らしと、時代の最先端が入りまじり、その動きが見えてくるのです。

　人とモノとサービスの微妙な変化、さまざまな売りの仕掛け、お客さまを刺激する心理作戦、1日の攻防、季節への対応、地域の巻き込み。そしてニーズを素早くとらえ、行動につなげる科学的なツール。予想を超えるヒントが集約されています。

つくる側、売る側、知らせる側の関心

　各メーカーの開発担当、流通業界、各界のマーケッター、プランナーなど、コンビニウォッチングする人はかなり多いはずです。私たち広告関係者もウォッチングの常連でした。

　どんなに仕事が遅くなっても欠かさずチェックするCMプランナーがいました。「一番最先端が見られるから……」と、日課にしているのです。毎日、定点観測しているからこそ、微妙な変化に気づき、その先の読みにつなげていました。当時、ディレクターのそのひと言ひと言に、現場を知る強みに圧倒されたものです。

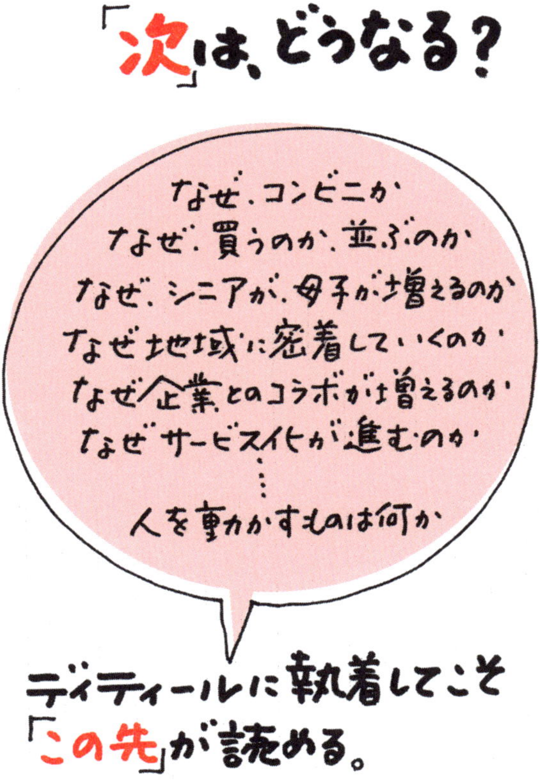

「次」は、どうなる？

なぜ、コンビニか
なぜ、買うのか、並ぶのか
なぜ、シニアが、母子が増えるのか
なぜ地域に密着していくのか
なぜ企業とのコラボが増えるのか
なぜサービス化が進むのか
　　　　　　⋮
人を動かすものは何か

ディティールに執着してこそ
「この先」が読める。

図-54

❽「山手線一周」ウォッチング

　私たちは、調査データやランク付けをもって、世の中の関心事とし、よりどころにしがちです。しかし、これはあくまでも結果。通り過ぎた過去のものだ……という見識を持っていたいものです。
　その上で、先を読むには、世の中の空気や人の匂い、微妙な動きを感じとる皮膚感覚でヒントを見つけることです。そのために、人間にグッと近づけるポジションをとりましょう。

山手線一周60分の「発見の旅」へ

　人間を凝視し、聞き耳を立て、あらゆるイメージを拡げたり、ストーリーを描いたりするトレーニングです。山手線一周60分、テーマを持ってもいいし、持たずに感じるままの旅でもけっこうです。まずは五感に刺激を与え、感じる・考える訓練です。この皮膚感覚がオリジナルと説得力を生むのです。

- 人間深掘り——まずアトランダムに乗客を決める。その年齢は、職業は、性格は、日常の行動は、話し方は、ファッション性は、しぐさ、持ち物、趣味、好き嫌い、家族は……と。どんなところで、どう暮らしているのかストーリーを描いてみる。
- それを好みのタイプで見ると仮想恋人。
- さらに商品企画のターゲットを想定し、この人を通してプロフィールをつくっていく。
- 自分の興味のあるファッションで乗り降りする人をチェック。衣服、靴、帽子、バッグ、小物、その他の装飾品、化粧、香り、色調、全体イメージなど、深掘りします。
- 女性の足元（靴）の徹底ウォッチング。
- 「おじさん改造」をテーマに、ひたすら乗降客を観察・洞察を続けます。

人間は汗をかかないと大事なことは身につかない。

机の上には
「事実」があっても、
「真実」は
なかなか見えません。
現場には
「真実」があります。
現場で考えましょう。

人間観察・洞察の広さと深さを

　さらに、そこに自分の意志を入れる訓練をします。「私ならこうするのに……」「もっとこうしたら……」という自らの発想を加えてみるのです。ヒトやモノやコトを、自分の目で深く鋭く優しく見れば、五感に触れるものすべてが情報となります。
　さらに乗り続けて……。

- ある少女小説の作家は、ヘッドホンだけをかけ（誤解されないように音楽を聞いているふりをする）、女性の会話からヒントを得るそうです。また歌手の松任谷由美さんは、若い女性の何気ないおしゃべりをヒントに、詞を書くと聞きました。

- 午後5時以降、会社帰りのサラリーマン同士の声はひときわトーンも高くなってきます。とくに飲んだあとは、本音がポロポロ。聞き耳を立てなくても入ってきます。本を片手に読むふりをしてウォッチング。意見、人の噂、論評、議論、趣味のこと、家族のこと。話し方、言葉も含めて、こうした一断面から会社生活がイメージできます。

- 最近、多彩な話題には事欠かないのが主婦グループ。周りが完全に消え、仲間でひとつの世界に入っています。のぞくというより演じて見せてくれているようです。声のトーンも高く、聞く努力なしに聞こえてきます。

●

　「知る」から「感じる」トレーニングを。人を観察しながら判断をしていく、その深さが、発想の根っこだと思うのです。

「センス」を磨くトレーニング

外に出る
↓
現場を見る
↓
触れる
↓
嗅ぎわける
↓
深掘りする
↓
本質を見きわめる
↓
自らの想いを入れる
↓
知恵となる
⇩
（人間観察の深さが発想の根っこだ）

図-56

ⓒ 体感「現場での真実探し」

> 足で考えて、足で書け

　この言葉は、とくにビジネスする人にとっての基本姿勢であり、常識です。机の上で、パソコンの前で、張りつくような状況が多く見られるだけに、強く叫ばれています。もちろん道具として、手段としてならわかります。あくまでも自ら外に出て、体感し、体験し、全身で考える姿勢を持ちたいものです。

1日、五感をフル活動させてみよう

　例えば、銀座のど真ん中に立って、1日、何をどこまで感じられるか試してみませんか。ヒトが、モノが、ミセが、マチが、違った景色に見えてきます。次は渋谷の109の前に。次は山手線一周。次は下町のカフェで。イメージと違う発見を楽しんでください。

「レッグワーク」という大切なプロセス

　アメリカのある広告会社には、「3週間レッグワーク（取材活動）して、3時間で考えろ」というルールがあります。その3週間、まず頭の中を空っぽにして、そこに生の情報を入れるだけ入れる。身体で感じるものをどんどん入れる。

　何回も工場を訪ね、工場を観察したり、ラインに添って完成までつき合ったり。販売部門を取材したり、ユーザーのヒアリングで自ら肌で感じたり。マーケティング部の公式的な情報を吸収したり……と、書くことより感じ合うことの大切さを徹底しているのです。

　先に仮説を立ててしまうと思い込みが強くなり、切り口探しを狭めていくからです。そして集めに集めた中から、新しい関係性を見つけ、コンセプトを組み立てます。足で考える習慣を身につけたい。

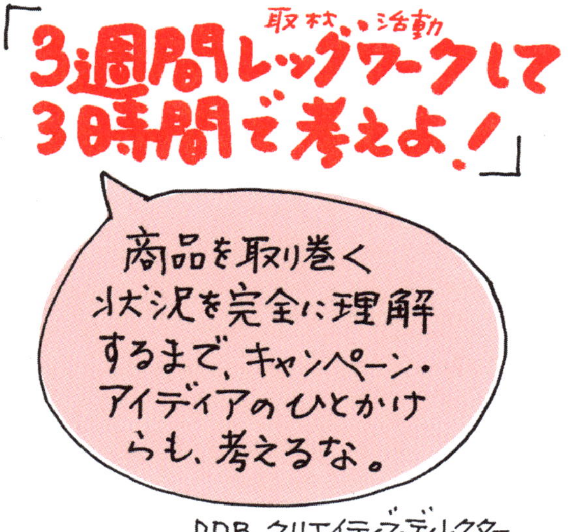

「3週間レッグワークして3時間で考えよ！」
（レッグワーク＝取材い活動）

商品を取り巻く状況を完全に理解するまで、キャンペーン・アイディアのひとかけらも、考えるな。

DDB クリエイティブ・ディレクター

図-57

🅓 「発想 ひとり旅」研修

　デザイナーであり、アートディレクターの田中一光さんが大切にしていた基本的姿勢に「観察する」があります。私の依頼にも、あらゆる角度から質問し、資料を求め、そして自ら観察しに出かけて行きました。「観察」について田中一光さんは、著書『デザインと行く』の中で、以下のように書かれています。

「仕事の原点は、まず観察」

　「私たちの仕事の原点は、まず観察することである。世の中を観察する。人間を観察する。文化を観察する。私は助手に、とにかくいいものを見ろ、とそればかりを言う」。

「自分が恥ずかしくなるまで、本物に接すれ」

　ここが面白いですよね。単に知識を得るためじゃなく、その落差を知る。打ちのめされるから謙虚になれるし、だから努力もする、と。もう少し田中さんの話にもどすと、「私の事務所に入って3年たつと、1人で海外に行かせるのだ。それは海外で建物であれ、絵画であれ、本物をできる限り多く見て、今、自分がやっている仕事が恥ずかしくなるまで、本物の空気を体にしみ込ませてきなさい、という意図です。本当においしいものを知らなければ、まずいもわからない。本当に美しいものを知っていなければ、醜いもわからない」。

「海外へは、ツアーではだめ」

　絶対にひとりで歩いて、ひとりで移動しなければ、デザインの肥やしになるような栄養が吸収できない。観察すればするほど、新しい興味も湧いてくる。さらにアンチテーゼを持つことができるのです」。発想はひとりだけの出来事です。ゆえに、海外へもひとり旅に意味があるのでしょう。

『観察の努力を
　惜しまなかった人だけが
　のびのびとした
　発想の権利を
　手に入れられるのだ』
　　　　　田中一光氏

「メディアの合わせ技」で、兆し発見

　ある情報誌が、トレンド予想のために「新しい兆しの種」を探している現場に立ち会いました。今、人々に感じるトレンドでは後追いですから、その先です。その先の「兆しの種」を、どう発見するか。そこにかかっています。

未来のトレンドとなる「小さな兆し」探し

　この小さな兆しの種を集めたら、世の中のこれからの大きな流れが予測できる、というのです。小さな種を100個、200個と集めたら、その中から似たような種同士を集めていくのです。あらゆる紙媒体から切り抜いたり、カードに書き込んだり、いくつもの島にわけていきます。そして整理・分析・予測……と。そこには長い経験からのノウハウと人間洞察があるから、見事トレンド予想というカタチになっていきました。

個人でやってみたい「兆しの発見」

　まず集められる範囲のメディアを使ってやってみましょう。例えば、新聞、雑誌、書籍、テレビ、PR誌、フリーペーパー等（カード化するものはカードに）を机の上におき、おもむろに切り抜いていきます。とくに生活者が気づいていないこと、見えていないことなど、無意識の中に入り込むつもりで……。世の中の「新しい兆し」を探るとなれば、観察・洞察を意識して切り抜いてください。自分のアンテナに引っかかるものすべてを切り、量を集めます。

机の上にパッと広げて、グループわけ

　小さな種から洞察を加え、意味や想いを嗅ぎわけ、仕分け、分類していきます。そしてアイディア発想と同じように、分類した島同士を組み合わせ、仮説を立てます。メディアの総動員と、五感のフル稼働で、新しい時代の流れを読んでみたいものです。

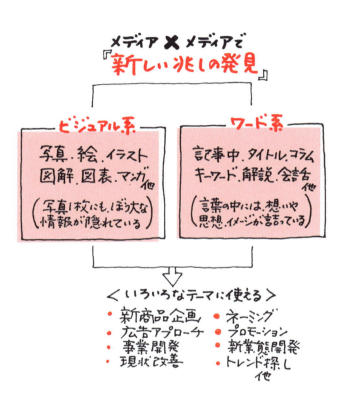

図-59

Part III　アプローチ4　「新しい兆し探し」訓練

ヒント 量こそ質 ❼

『ミリ単位にこだわる。そこに生命線がある』

　私が若い頃、次元の違うデザイナーがいた。石岡瑛子さん。美術性だけでは広告にならないが、美術性を欠いた広告は貧しい。その広告の世界に、1970年代、「PARCO」で石岡さんはアートの革命を起こしたのです。

　広告がモノを売るのではなく、生き方という思想を売ることでモノを動かしていく……そういう広告のハシリ。表現の自立を訴え、多くのクリエイターに影響を与えました。その緊張感ある美しさは、それ自体で1つの広告でありアートでした。

●

　そしてニューヨークへ。映画「ドラキュラ」でアカデミー賞衣装デザイン賞受賞他数々の実績を得る。そこには「1ミリが世界を変える」というモノづくりの姿勢。それは「PARCO」から続く姿勢です。何度も何度もやり直す、細部までこだわって磨き上げていく……。わずか1ミリの違いが、全体の印象を決定的に変えると信じているからでしょう。

　さらなる高みへ……私たちも1ミリに汗をかきたいものです。

ヒント　量こそ質 ❽

『ペアスタイルで、100案のキャッチボール』

　富士写真フイルム（当時の社名）の広告制作で、先輩デザイナーとコピーライターの私と2人で、100本ノックの特訓を行う。作業室に泊まり込み、朝まで100案。コンセプトを決めた後、両者でこのキャッチフレーズにどんな絵（ビジュアル）がつくのか、この絵にどんなキャッチフレーズがつくのか、とキャッチボールをするのです。

●

　ギクシャクするうちに、しだいに熱くなりのめり込む。ペアチームが最高のものを目ざし、ギリギリのところを抜け出たところにオリジナルがある。考えて、考えて、考えた先に、ポコッと頭ひとつ抜け出てくれます。これが個性です。全力を出すからカンが働く。「人を描くとはこういうことか……」と、コツもつかむ。朝には100案以上が壁に貼られ、そこから選んで3案が本制作へ。こうした集中作業を時々やることで、日常の仕事に最高のチームワークを手にしていました。

PART IV

exercise
練習課題

発想レッスン 1

練習課題:「新しい兆し発見」

> 新聞記事を複数組み合わせ、「新しい時代の
> キーワード」を考えなさい。

※そこに何が起こるのかアイディアを考える
- きっと世の中、こうなる
- こんなことが起こる、流行る
- こんな商品が生まれる
- ウチの社のビジネスが変わる

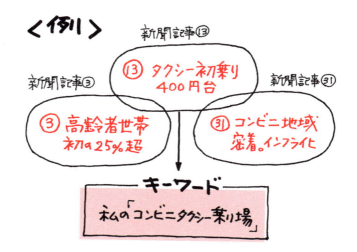

図-60

作業 次ページの新聞記事より、複数選んで時代を読みキーワード化する（10案以上）

※参照：「アプローチ2」－A（メディアウォッチング、88ページ）
　　　　「アプローチ3」－D（コンセプトづくり、124ページ）

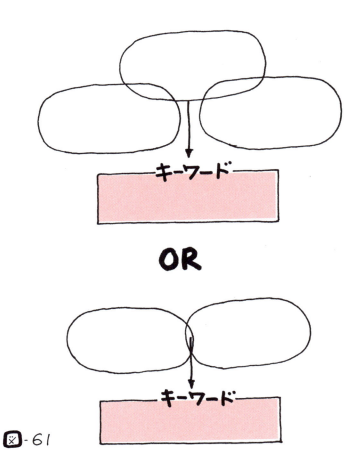

図-61

Part Ⅳ　exercise　練習課題

組み合わせのヒント

新聞記事より（2016年7月20日現在）

❶ 西洋美術館コルビュジエ建築　世界遺産へ
❷ 南シナ海中国支配認めず—国際司法
❸ 高齢者世帯初の25%超　1271万世帯
❹ 世界の難民2130万人、半数は子供
❺ セブン＆アイ　グループ横断通販サイト
❻ 高速、形いろいろ、夏を楽しむ「製氷機」
❼ 森ビルが「オリンピックロード」再開発（新虎通り）
❽ 三菱重工×千葉工大　連携で遠隔操縦ロボット開発
❾ 日本人27万人減少し、人口1億2589万1742人
❿ 地方創生時代のまちづくりに図書館
⓫ 高速渋滞ノロノロ走行時も自動運転に
⓬ 1～6月（2016年）の中国輸出低迷、7.7%減
⓭ 東京都内で初乗り（1km）400円台審査入り
⓮ NASA探査機「ジュノー」木星軌道に
⓯ 約7割の学生がインターンシップの参加経験あり
⓰ 過度なダイエット反省—痩せ志向に変化
⓱ レコードの魅力　若い世代にも響く。生音に近く温かみ
⓲ 介護を応援、預金や航空券に優遇
⓳ 大阪瓦斯が地域新電力　生駒市と新会社
⓴ 大手企業、自前からVB（ベンチャービジネス）頼み
㉑ 三越伊勢丹　AI（人口知能）で商品提案
㉒ P&G、売上げの半分は社外技術
㉓ 贈答市場でコメ人気—ワインボトル入りも
㉔ 東京ディズニーリゾート　観客にも水しぶき
㉕ 俺だけのコックピット—中年男性の趣味空間

㉖ 快適トイレもてなし磨け―オリンピックへ様式への切換え
㉗ 第1回「日本トイレ大賞」に高尾山山頂トイレ
㉘ 街角景気2カ月連続悪化
㉙ 歓迎会の事故死、「労災」に
㉚「山の日」新設でお盆渋滞に拍車
㉛ コンビニ地域密着へ加速―社会インフラに
㉜ iPS備蓄で京大計画―日本人の8〜9割カバー
㉝ 情報漏洩防止へマニュアル作成（観光庁）
㉞ 天皇陛下生前退位ご意向
㉟ GDPなど経済統計の見直しを、同友会
㊱ AI活用へ合弁会社設立―ネット企業取り組み拡大
㊲ 英・保守党のテリーザ・メイ新党首　首相に就任
㊳ 自動車ナンバーに英字、初のアルファベット導入
㊴ パキパキ、サクサク……食べる「音」人気
㊵ 楽しむ工場見学　シニア世代役立つ情報収集
㊶ 試乗車100台、BMWショールーム開業
㊷「粒子線がん治療措置」世界をリード
㊸ 水着今年は洋服風―リゾートウェアにも
㊹ 平塚市「七夕まつり」のご当地婚姻届
㊺ 梅雨なのに……首都圏水がめピンチ
㊻ 来年元旦に「うるう秒」
㊼「環境ブランド」調査、トヨタ7年ぶり首位
㊽ キャンピングカーを訪日客にレンタル
㊾ 横須賀市　翻訳機使い会話実験
㊿「日本は金14」倍増予想（米国データ会社）
(51) 視覚障害の女性にメイク術伝授
(52) 大西さん　きょう宇宙へ　七夕の飛行「ラッキー」
(53) バングラテロ「最大の脅威」安保理強く非難
(54) 脱カフェイン「デカフェ」健康志向で人気
(55) 内臓脂肪、歩けば燃焼―「健康ポイント化」

㊾ 医療事故防止へ「ピッ！」とICタグが管理
㊼ 物価見通し過去最低——個人消費の鈍さ反映
㊽ 個性派オフィス　都心に続々
㊾ 外資のM&A1.7兆円　日本の技術、ブランドを狙う
⓺⓪ 五輪へ、外国人向け案内表示刷新
⓺① 野球の未来を考えよう　DeNA小学生と会議
⓺② 自動運転　初の事故死（米当局、調査開始）
⓺③ 高級ホテル　ビジネス街に続々
⓺④ コンビニ各社　海外進出を加速
⓺⑤ 着付けで学ぶ　日本の文化
⓺⑥ 訪日ビジネス客　宿泊需要を狙え　都心で相次ぎ開業
⓺⑦ 移動式水上ホテル開発へ　ハウステンボス
⓺⑧ 「山の日」にちなみ高島屋がフェア
⓺⑨ ゲリラ豪雨対策サービスをALSOK支援
⓻⓪ Jリーグ放映権2000億円　英パフォーム社と契約
⓻① ソフトバンク　3.3兆円で英社買収
⓻② 訪日外国人消費行動「爆買い」から「観光」にシフト
⓻③ WWF活動（世界自然保護基金）にトヨタ支援
⓻④ 楽天、AIとの対話で買物サポート
⓻⑤ 日本人最年少で7大陸最高峰登頂　南谷真鈴さん
⓻⑥ がん5年生存率62.1％　3年前から3.5ポイントアップ
⓻⑦ 4年後のきょう開幕「東京五輪どんなカタチに」
⓻⑧ 政府「注意守って」ポケモンGO異例の呼びかけ
⓻⑨ シニア向け家電「軽量・コンパクト・高性能」人気
⓼⓪ 社員の妊活、企業が支援
⓼① ソフトバンク×ホンダ　ペッパーの技術を車に転用
⓼② 都心にも買物難民
⓼③ 町の書店85％「経営悪化」と回答
⓼④ ジェトロ、フランス食品振興会と提携。食文化輸出促進
⓼⑤ すべてを国内で手掛けた純国産認証「Jクオリティ」

- ㊏ 旅行の認知症予防研究を、クラブツーリズム
- ㊐ 心拍数データ、カロリー測定……「着るセンサー」激化
- ㊑ 団地ルネッサンス　URと東急ハンズのコラボ
- ㊒ 介護現場でも「会話ロボット」の普及期待
- ㊓ 婚活サービス　利用者年々増加へ
- ㊔ 日本の食文化を「成長エンジン」に─人類未来食へ
- ㊕ AI（人口知能）により「職人の勘」蓄積
- ㊖ 地域の魅力発信へ「ふるさとプロデューサー」誕生
- ㊗ ネットで購入、郵便局で受け取り
- ㊘ 寝転んでも見られる野球観戦「リビングBOX」
- ㊙ 第3の食品化へ「健康系フーズ」
- ㊚ 所有から利用へ「シェアリングエコノミー」
- ㊛ サービスインフラ（給食、病院食他）日本スタイルを世界に
- ㊜ 臨床研究スマホが変える─個人の参加手軽にデータ収集
- ⑩ ポケモンGO 観光地対応に大わらわ

発想レッスン 2

練習課題:「イメージ想起」

「パワー」という言葉からイメージするものを
ビジュアルに定着させなさい。

※参照:「アプローチ2」- C(言葉からイメージ発想、98ページ)

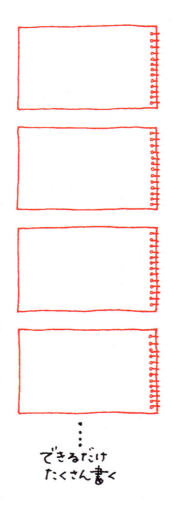

できるだけ
たくさん書く

-62

おわりに

いま、一番欲しい人。
　今、モノ余りの時代は人間の無意識、非合理性がハバをきかせる時代になっています。数値化されない、自分の好き嫌いが優先する。わがままで、とても複雑です。
　こうした時代でも、競争社会ではさらに差別化を求めていかなければなりません。何をすればいいのか、どこに向うのがいいのか、何が競争力になるのか。今、この見えにくい時代だからこそ、答を導いてくれる人が欲しいのです。

●

❶この混沌とした中で、1本の筋道をつけ、光を当て、方向を示す人。
❷一見バラバラな概念を組み合わせ、新しい概念を生み出す人。
❸ぼう大な情報から、本質を見つけ出し、キーワードをつくり出せる人。
❹方向が見えにくい中で、空中に絵を描き、プロセスとして周りを動かせる人。

　これを解決できるのは、クリエイティブであり、センスであり、デザイン（構築する）です。右脳に頼るしかありません。今までちょっと怠ってきた「右脳」が、どうやら混沌社会の主役になってきました。本文にある発想センスを鍛えることで、今、一番求められている人に近づけるのです。近道はありません。さあ、トレーニングを始めましょう。

これからは
「量こそ質」。
努力して、汗をかいて
感性を磨いた人には
かなわない。
汗をかく人が
かっこいい時代になりました。

参考文献

『ハイ・コンセプト』　ダニエル・ピンク　大前研一／訳　三笠書房
『ひらめきをカタチに変える58の方法』　茂木健一郎　PHP研究所
『デザインと行く』　田中一光　白水社
『センスは知識から始まる』　水野学　朝日新聞出版
『経営センスの論理』　楠木建　新潮社
『21世紀のビジネスにデザイン思考が必要な理由』
　　佐宗邦威　クロスメディア・パブリッシング
『夢を形にする発想術』　イマジニア　ディスカヴァー・トゥエンティワン
『真クリエイティブ体質』　高橋宣行　PHP研究所
『嶋浩一郎のアイディアのつくり方』
　　嶋浩一郎　ディスカヴァー・トゥエンティワン
『心を動かすデザインの秘密』　荷方邦夫　実務教育出版
『発想法入門』　星野匡　日本経済新聞出版社
『「人真似は、自分の否定だ」』
　　高橋宣行　ディスカヴァー・トェエンティワン
『プロフェッショナルアイディア。』　小沢正光　インプレス

参考資料

TV番組「プロフェッショナル 仕事の流儀」「ガイアの夜明け」
「カンブリア宮殿」「ワールド・ビジネス・サテライト」、
日本経済新聞、産経新聞、日経MJ、宣伝会議、ブレーン他

高橋宣行（たかはし　のぶゆき）

1940年生まれ。1968年博報堂入社。制作コピーライター、制作ディレクター、制作部長を経て、統合計画室、MD計画室へ。制作グループならびにマーケットデザインユニットの統括の任にあたる。2000年より関連会社を経て、現在フリープランナー。企業のブランディング、アドバイザー、研修講師、執筆活動などで活躍。主な著書に『高橋宣行の発想ノート』『高橋宣行の発想フロー』（以上、日本実業出版社）、『博報堂スタイル』『「差別化するストーリー」の描き方』『「コラボ」で革新』（以上、ＰＨＰ研究所）、『オリジナルシンキング』『コンセプトメイキング』『「人真似は、自分の否定だ」』（以上、ディスカヴァー・トゥエンティワン）、『発想職人のポケット』（小学館）他がある。

高橋宣行の発想筋トレ

2016年10月1日　初版発行

著　者　高橋宣行　©N.Takahashi 2016
発行者　吉田啓二

発行所　株式会社 日本実業出版社　東京都新宿区市谷本村町3－29　〒162-0845
　　　　　　　　　　　　　　　　　大阪市北区西天満6－8－1　〒530-0047
　　　　編集部　☎03-3268-5651
　　　　営業部　☎03-3268-5161　振　替　00170-1-25349
　　　　　　　　　　　　　　　　　http://www.njg.co.jp/

印刷／厚徳社　　製　本／若林製本

この本の内容についてのお問合せは、書面かFAX（03-3268-0832）にてお願い致します。
落丁・乱丁本は、送料小社負担にて、お取り替え致します。

ISBN 978-4-534-05434-0　Printed in JAPAN

日本実業出版社の本

高橋宣行の発想ノート
高橋宣行　定価 本体1500円(税別)

元博報堂制作部長が40年間の経験から体得した、発想の仕方、独創力の磨き方の「基本ルール」を文章と図解で60項目紹介。若手はもちろん企画力を求められる全てのビジネスパーソンにまず読んでほしい本。

高橋宣行の発想フロー
山田雅夫　定価 本体1500円(税別)

『高橋宣行の発想ノート』に続く発想の教科書、第2弾。元博報堂制作部長が「突き抜けた発想を生み出すための手順」を丁寧に教えます。「こう考えればよかったのか！」と新しい閃きを得るヒント満載です。

「今、ここ」に意識を集中する練習
ジャン・チョーズン・ベイズ
高橋由紀子／訳　定価 本体1600円(税別)

グーグルをはじめ先端企業で取り入れられている「マインドフルネス」を手軽に実践できる53の練習を紹介。過去の出来事にくよくよすることも未来への不安もなくなり、人生のパフォーマンスが劇的に変わる！

※定価変更の場合はご了承ください。